에픽테토스의 가르침

에픽테토스 지음

김병호 옮김

에픽테토스의 가르침

에픽테토스 지음 | 김병호 옮김

집문당

에픽테토스의 가르침

1971년 8월 20일 1판 1쇄
1978년 1월 10일 2판 1쇄
1990년 1월 20일 3판 1쇄
1995년 2월 28일 4판 1쇄
2022년 8월 30일 5판 1쇄

지은이 | 에픽테토스
옮긴이 | 김병호
발행인 | 임동규
발행처 | **(주)집문당**
등록 | 1971. 3. 23. 제2012-000069호
주소 | 03134 서울시 종로구 돈화문로 82, 5층
전화 | +82-1811-7567
이메일 | sale@jipmoon.com
홈페이지 | www.jipmoon.com

ISBN 978-89-303-1932-4 03160

가격 14,000원

(주)집문당 이순신돋움체B (저작권자 아산시, 무료글꼴)

목 차

제 1 권

제 2 권

제 3 권

제 4 권

제 5 권

제 1 권

1. 철학의 시초

1. 그대가 만일 선인이 되기를 원한다면, 우선 자신이 악인임을 알라.

2. 철학의 시초는, 적어도 정당한 방법으로 이를 파악하고, 정문으로 들어가 거기에 이르고자 하는 사람이라면, 중요한 사항에 대하여, 스스로 연약하고 무능함을 자각하는 데 있다.

3. 생각건대, 우리는 나면서부터 직각 삼각형이나, 4분의 1음이나, 반음의 관념을 갖고 있는 것이 아니라, 학문의 전승에 의해, 이것을 배워 알게 되는 것이다. 그러므로 이것을 모르는 사람들은 감히 자기 힘으로 알았다고 하지 않는다.

그런데 선과 악, 고귀와 비천, 정당한 것과 부당한 것, 행복과 불행 및 우리에게 관련되는 것과 관련되지 않는 것, 또한 해야 할 일과 해서는 안 되는 일 등—이러한 문제에 대하여 천부의 개념을 갖지 않고, 이 세상에 태어난 사람이 있을까? 그러므로 우리는 모두 이 말을 사용하고, 자연히 갖게 된 이 개념을 그런 사물에 적용시키려고 노력하는 것이다. 그의 행실은 훌륭하였다, 그는 옳은 일을 하였다, 옳지 못한 일을 하였다, 그는 실패하였다, 성공하였다, 그는 옳지 못하다, 옳다 등등―우리들 속에서, 누가 이런 말을 사용하기를 주저하겠는가? 마치 무식한 자가, 기하학이나 음악의 술어를 사용할 수 없는 것처럼, 우리 속에서 누가 이런 말의 의미를 다 배울 때까지 사용하기를 연기하려고 할 것인가? 이유는 이러하다. 즉 우리는 이를테면, 이런 종류의 어떤 사항에 대하여는, 이미 자연에 의해 가르침을 받고서 세상에 태어난 것이나 마찬가지이므로, 우리는 여기서 출발하여, 더욱 우리 자신의 견해를 여기에 첨가하였던 것이다. 어떤 사람은 말한다.

"나는 무엇이 고귀하고 무엇이 비루한가를 모르고 있지 않은가, 나에게는 이에 대한 관념이 없지 않은가?" 하고. 사실 그렇기도 하다. 또 말한다.

"나는 그것을 사물에 각각 적용을 못하고 있지 않는가?" 하고. 사실은 적용하고 있는 것이다. 또 말한다.

"나는 그것을 올바로 적용하고 있지 못하지 않는가?"

그런데 문제는 오직 여기에 있다. 즉 자기 자신의 견해가 가미되는 것은 여기이다. 생각건대 그들은 모든 사람들에 의해 인정되고 있는 사물에서 출발하면서도, 그릇된 적용에 의해, 논쟁되는 일까지 일어나는 것이다. 그리고 만일 자연히 얻은 그러한 사물에 첨부하기를, 그들이 적용하는 힘까지 얻게 되면, 그들이 완벽함을 무엇이 훼방할 수 있겠는가? 그런데 지금 그대는 자연히 얻은 개념을, 사물에 각각 틀림없이 적용한다고 스스로 믿고 있는 한, 나는 그대가 어디서 이 보증을 얻었는지 말해 주기를 바란다. 그대는 말할지 모른다.

"나에게 그렇게 보이기 때문이다."

그러나 다른 사람에게는, 그것은 다르게 생각된다—그리고 그 사람도 자기의 적용을 옳게 생각하고 있지 않을까.

"그는 그렇게 생각하고 있는 것이다."

그렇다면 그대들 두 사람의 의견이 서로 모순되는 사물에 각각 그 개념을 적용하고, 함께 정당화할 수 있을까?

"우리가 그렇게 할 수는 없다."

그렇다면 그대는 그 적용이 정당함을 보여 주기 위한, 더욱 좋은 방도는 갖고 있지 않는가, 혹은 그대가 그것을 옳게 생각하는 것 이상으로, 아무런 방도도 갖고 있지 않는가? 그러나 미친 사람도 스스로 옳다고 생각되는 일 이외에 무엇을 할 수 있겠는가? 그렇다면 옳다고 생각되기 때문에 옳다고 말하는 법칙은, 미친 사람의 경우에도 해당되지 않는가?

"그것으로 족할 수는 없다."

그러므로 그렇게 생각되는 것 이상의 것을 구하라. 그것은 과연 무엇일까?

4. 보라, 철학의 시초는 사람들의 의견이 얼마나 서로 모순되는가를 관찰하고, 그 모순의 유래를 탐구하여 단순한 의견을 부인하고 의혹하는 것이다. 그것은 또한, 보이는 것이 과연 옳은가의 여부를 탐구하는 것이며, 또한 우리가 무게에 대하여는 저울을 발견하고, 직선이나 곡선에 대하여는 추선을 발견한 것처럼, 이 방면에 있어서도 어떤 법칙을 발견하는 것이다. 이것이 곧 철학의 시초이다.

모든 사물은, 그것을 옳다고 생각하는 모든 사람들에게 옳은 것일까? 그러나 서로 모순되는 사물이, 어찌하여 함께 옳을 수 있는가?

"아니, 그렇다면, 모든 사물이 아니라, 우리에게 옳다고 생각되는 것만 옳은 것이다."

그러나 시리아인에 대해서보다 또는 이집트인에 대해서보다 더욱 그대들에게 옳은 것은 어찌 된 일인가? 또한 어찌하여 나와 다른 사람들에 대해서보다 그대들에 대하여, 더욱 그러한가? 아니다, 특별히 뛰어날 수 없는 것이다. 그렇다면 이러저러하게 생각된다는 것은, 누구에게나 실제로 있는 것과 부합되지 않는다. 생각건대 우리는 중량에 있어서나 저울

눈에 있어서나, 단지 외관에 만족하지 않고, 어느 경우에도 어떤 규칙을 발견하였던 것이다. 그러므로 여기에도 생각된다는 것 이상으로 어떠한 규칙도 있을 수 없는가?

인간에게 가장 필요한 이 사물의 증명 또는 발견이 이루어지지 않고 있다니, 이런 일이 어떻게 있을 수 있겠는가? 그러므로 규칙이 존재하는 것이다. 그렇다면 우리는 어찌하여 이것을 찾아내지 않는가, 또 그것을 찾아낸 이상, 그것에 위배되는 일이 없이 이를 채택하고, 그것 없이는 손가락 하나도 펼 수 없는 것처럼 행동하지 않는가? 생각건대, 이 법칙은 그것이 이미 발견된 이상, 모든 사물을 단지 외관에 의해서 잘못 측정하는 사람들의 오류를 시정하는 것으로, 그 후에 우리는 이미 알려지고, 또 이미 규명된 사물에서 출발하여 우리의 하나하나의 행위에 우리의 자연적인 개념의 조직체를 적용할 수 있게 되기 때문이다.

5. 우리가 탐구하고 있는 문제는 과연 무엇인가? 쾌락인가? 그것을 척도로 하여, 진리의 저울에 달아 보라. 대체 선이란, 우리가 당연히 긍정해야 할 성질의 것일까? "분명히 그렇다." 그리고 우리는 당연히 이를 신뢰해야 하지 않겠는가? "그렇다. 우리는 당연히 그렇게 해야 한다." 한편 우리는 불안정한 것을 신뢰할 수 있을까? "없다." 그런데 쾌락은 어떤 안정을 갖고 있는가? "아무런 안정도 갖고 있지 않다." 그

렇다면 이것을 진리의 저울에서 집어 던져라. 그리하여 선이 있는 곳에서 멀리 떠나게 하라. 그러나 만일 그대의 시력이 약하여, 하나의 저울로는 부족하다면 다른 저울을 더 시용하도록 하라. 그런데 선함을 자랑하는 것은 옳은 일인가? "그렇다." 그러면 쾌락을 즐기면서 이를 자랑하는 것은 옳은 일인가? 보라. 그대는 그것을 옳다고 말할 수 없지 않는가. 그렇지 않다면, 나는 그대가 저울을 사용할 능력조차 없다고 생각할 것이다. 법칙이 마련되어 있을 때에는, 사물은 이와 같이 비판되고 측정되는 것이다. 그리고 철학의 목적은 법칙을 세우는 데 있다. 법칙을 알면, 이를 사용하는 것은 현명하고 선량한 사람의 임무이다.

2. 본유개념에 대하여

1. 본래적으로 지닌 개념은, 모든 사람들에게 공통하며, 어떤 한 사람이 갖고 있는 개념이 다른 사람이 갖고 있는 개념과 모순되지 않는다. 우리는 누구나 선이 이로우며, 어떠한 처지에 있어서나 이에 따르고 이를 추구해야 한다는 것을 긍정한다. 그리고 우리들 가운데서 누구나 정의는 존중해야 하며, 또 지당한 것이라고 생각한다. 그러면 모순은 어디서 일어나는가? 그것은 본유개념을 사물에 각각 적용할 경

우에 일어난다. 지금 어떤 사람이 “그는 훌륭한 일을 하였다. 그는 고귀한 사람이다” 하고 말하고, 다른 사람이 “아니다, 그의 소행은 어리석기 짝이 없다”고 말할 때, 이 두 사람 사이에는 서로 모순이 생긴다.

이러한 모순은 유태인과 시리아인, 이집트인과 로마인 사이에도 존재한다. 옳은 일은 만사를 제쳐놓고 따라야 하며, 어떤 경우에 있어서나 숭상해야 하는가, 아닌가 하는 문제에 대해서가 아니라, 돼지고기를 먹는 것이 옳은가 아닌가 하는 시비이다. 그대들은 이와 동일한 시비를 아킬레스와 아가멤논의 사건에 있어서도 찾아볼 수가 있을 것이다. 이 두 사람을 우리 앞에 불러내어 문의해 보라.

“아가멤논이여, 그대는 어떻게 생각하는가. 옳은 일에 마땅히 해야 하지 않는가?”

“물론 해야 한다.”

“그러면 아킬레스여, 그대는 어떻게 생각하는가. 그대는 옳은 일을 하는 것은 즐겁게 생각하지 않는가?”

“물론, 무엇보다도 나는 그것을 가장 즐겁게 생각한다.”

그러면 그대들의 본유개념을 적용하라. 어찌하여 그대들 사이에 논쟁이 있을 수 있는가? 그것은 한편(아가멤논)이 “크리세이스[1])를 그 아버지에게 돌려보낼 의무가 자기에게는 없다”고 주장하는 데 대하여, 다른 편에서 “그것은 그대의 의무"라고 말하기 때문이다.[2] 이 중에서 한 사람은 분명히 의무의 개념을 잘못 생각하고 있는 것이다—이 때 한편(아가멤논)에서 말한다.

"만일 내가 크리세이스를 돌려보내야 한다면, 그대에게 준 상을 도로 빼앗는 것이 당연하다."

다른 편에서 말한다. "그러면 그대는 나의 사랑하는 아내(크리세이스)를, 내 손에서 빼앗으려고 하는가?"

그(아가멤논)는 말한다. "그렇다."

아킬레스는 말한다. "나만 상을 받지 말라는 것인가?"

아가멤논이 말한다. "그것은 내가 할 말이다."—이리하여 논쟁은 시작된다.

2. 교육을 시킨다는 것은 무엇을 말하는가? 그것은 우리의 본유개념을 각각의 사물에, 자연에 따라서 적용함을 가리키며, 세상에 존재하는 것 가운데서 어떤 것은 우리의 힘으로 능히 지배할 수 있으며, 다른 것은 우리 힘으로 도저히 지배할 수 없음을 분별하는 것을 말한다.

그리고 우리의 힘으로 지배할 수 있는 것은, 의지와 또 의지가 행하는 모든 일이다. 우리 힘으로 할 수 없는 것은, 신체와 신체의 여러 부분, 재산, 부모, 형제, 자식, 그리고 국토

---

1) 아가멤논의 첩—역주
2) 이 사건은 트로이 전쟁 때에 있었다.

이며 한마디로 말해서 우리의 가족이다.

그러면 우리는 선을 어디에 두어야 할까? 어떤 사물에 이를 적용해야 할까? 우리의 힘으로 할 수 있는 것에 적용해야 할까? 그렇게 되면, 사지나 생명은 선이 아닌가? 자식이나 양친이나 국토는 선이 아닌가? 만일 그대가 그것은 선이 아니라고 한다면, 누가 그대의 말에 귀를 기울일 것인가? 그렇다면 이런 사물에 선이라는 성질을 주어 보라. 그런데 병든 사람이나, 소원을 이루지 못한 사람은 행복하지 못할까? 그는 행복하지 못하다. 그리고 이런 사람이 친구에게 마땅히 해야 할 일을 할 수 있을까? 그가 어찌 그렇게 할 수 있겠는가? 왜냐하면 인간은 본래 자기의 이득을 추구하는 경향이 있기 때문이다.

만일 이 땅의 일부를 소유하는 일이 자기에게 이득이 된다면, 그것을 이웃 사람에게서 빼앗는 것도 자기의 이득이 된다. 만일 한 벌의 옷을 갖는 것이 자기의 이득이 된다면, 목욕탕에서 그것을 훔쳐 오는 것도 자기의 이득이 되는 것이다. 이런 사고방식으로 말미암아 전쟁이 일어나고, 난동이 일어나고 폭정이 일어나고 배신이 일어난다. 이래서야 어찌 신에 대하여 떳떳할 수 있겠는가? 신은 내가 손해나 불행을 당하여도, 거들떠보지도 않을 것이다. 만일 신이 나에게 힘이 되어줄 수 없다면, 나는 신에 대하여 무엇을 해야 하는가? 즉 신이 내가 빠져 있는 재앙에서 나를 구출해 내지 않고, 그대로 방임해 두기를 즐긴다면, 나는 신에 대하여 무엇을 해야 하는가? 그 후부터 나는 신을 미워할 것이다. 그런데 어찌하여 우리는 열병의 신이나, 재앙의 신들이나 제우스의 신에 대하여도 신전을 세우고 초상을 만드는가? 제우스가 어찌 구세주이며, 비를 내리는 신이며, 과일을 익게 하는 신이 될 수 있겠는가? 이런 결론은, 우리가 선의 본성과 존재를 외계의 사물에 두면 당연히 일어나게 마련이다.

3. 주재 능력

1. 우리가 갖고 있는 모든 능력 중에서 다만 한 가지 능력만이 자기를 관찰하고, 또 그 때문에 자기 자신을 즐겁게 하기도 하며, 혹은 책망하기도 하는 것을 그대는 발견하게 될 것이다. 예컨대, 문법학은 어느 정도까지 관찰의 힘을 갖고 있을까. 그것은 다만 문자에 관하여 판단할 뿐이다. 그러면 음악 예술은? 그것은 다만 선율에 관하여 판단할 뿐이다. 이것들은 각각 자기 자신을 관찰할 수 있을까? 아니다. 그렇게 하지 못한다. 또 그대가 친구에게 편지를 쓸 필요가 있을 때에, 문법은 그대에게 올바로 쓰는 법을 가르쳐 주기는 할 것이다. 그러나 쓰느냐, 쓰지 않느냐에 대하여 가르쳐 주지는

못한다. 음악 예술이 선율에 대한 것도 마찬가지이다. 노래하거나 연주하는 것이 이 경우에 적당한가, 적당치 못한가 하는 것은 음악이 가르쳐 주지 못한다.

그러한 것을 우리에게 말할 수 있는 것은 무엇인가? 자기 자신을 반성하고 다른 모든 사물을 관찰할 수 있는 능력이 곧 그것이다. 그렇다면 그것은 무엇인가? 이성의 힘이다. 왜냐하면, 우리는 이성 이외에는, 그 자신을 성찰하고—그것이 무엇이며, 그것이 무엇을 할 수 있고, 어떤 가치를 지니고 있는가를 생각하고—동시에 다른 모든 힘을 생각할 수 있는 능력이 부여되어 있지 않기 때문이다. 황금으로 된 그릇도 자기의 아름다움을 우리에게 말해 줄 수는 없다. 그것을 말해 주는 것은 바로 이성이 아니겠는가? 이성은 분명히 표상을 취급하는 능력이다. 음악이나 문법이나 그 밖에 기술에 대하여 판단하고 그 용도를 검토하며, 그것을 시용하는 적당한 기회를 제시하는 것은, 오직 이성의 능력이다.

2. 신들은, 그들이 마땅히 행할 중요한 일들—즉 관념의 올바른 사용법만을 우리의 능력 속에 두었던 것이다. 그러므로 그 밖의 일은, 우리의 능력의 범위 안에 있지 않다. 신들은 그런 능력을 우리에게 주기를 원치 않았던 것일까? 생각건대 만일 신들에게 그런 힘이 있었던들, 그것도 우리가 지배하게 하였을 것이다. 그러나 신들은 그렇게 할 수가 없었

던 것이다.

그러므로 우리가 이와 같이 지상에 태어나, 이 육체와 이에 따르는 것에 매어 있는 이상, 이 외계의 사물에 대하여 어찌 구애되지 않을 수 있으랴. 그런데 제우스의 신은 무엇이라고 말하는가?

"에픽테토스여, 나는 할 수만 있었다면 너의 작은 육체와 약간의 재산을 자유롭게, 그리고 그 무엇에도 훼방을 받지 않는 것으로 하고 싶었다. 그러나 이 육체는 교묘히 빚어서 만든 흙에 지나지 않으므로, 너의 소유물이 아님을 잊어서는 안 된다. 그렇게 할 수가 없었으므로, 내 소유의 일부를—즉 소망하고, 싫어하고, 추구하고, 기피하고, 또 거절하는 힘을—간단히 말해서 표상을 사용하는 힘을 너에게 주었던 것이다. 그러므로 너는 그 힘을 잘 길러 이것만을 너의 소유로 간주하라. 그렇게 하면, 너는 훼방을 받거나 해를 입지 않고, 비탄에 빠지거나 남을 비난하는 일이 없으며, 또 누구에게도 아부하지 않게 될 것이다."

그대에게는 어떻게 생각되는가? 이것을 대수롭지 않게 생각하는가? "아니다, 결단코 그렇지 않다." 그러면 그대는 이로써 만족하는가? "적어도 그렇게 되기를 신들에게 빌려고 한다."

3. 그러나 우리는 자기의 능력 속에 키워나가야 하고 또

순종해야 할 유일한 것을 지니고 있으면서, 오히려 많은 사물에 한눈을 팔고, 자기 자신을 이 사물에 얽매고 육체와 재산과 형제와 친구, 자식, 노예와 같은 것에 얽매이기를 좋아하는 것이다. 이와 같이 많은 사물에 얽매이기 때문에, 우리는 거기에 억눌려 쓰러지게 된다.

그러므로 날씨가 항해에 적합하지 않을 경우에도, 우리는 애가 타서 주저앉아 목을 길게 빼 들고 바람 형편을 살피는 것이다. "북풍이다." 그것이 우리에게 무슨 소용이 있는가? "언제 서풍은 불어올까?" 벗이여, 그것은 바람이 원할 때이다. 혹은 아이올로스[3]가 원할 때이다. 왜냐하면, 신이 바람의 관리자로 삼은 것은 그대가 아니라 아이올로스이기 때문이다. 그러면 그것은 어떻게 되는가? 우리는 어떻게 하여 우리 자신에게 속한 것을 완성시켜야 하는가? 그리고 어떻게 하여 외부의 사물을 각각 그 자연에 좇아서 사용할 것인가를 생각해 보아야 한다. 그러면 그러한 사물의 자연이란 무엇인가? 그것은 신의 의지이다.

4. 지금 나는 한 사람의 목만을 베어야 하는가? 그것은 무슨 뜻인가?—그대의 즐거움을 위해 모든 사람이 목베임을 당할 것을 원하는가? 그대는 네로가 라테라누스의 목을 베

---

3) 그리스 바람의 신을 말함—역주

도록 명령하였을 때, 라테라누스가 로마에서 당한 것처럼 조용히 머리를 들기를 원치 않는가? 그는 머리를 들고 칼을 받았는데, 그 타격이 너무 약하였으므로 머리를 좀 움츠렸다가 곧 다시 쳐들었던 것이다. 그리고 이보다 앞서, 네로에서 석방된 노예인 에파프로디토스가 그에게 와서, 네로에 대하여 적의를 품는 까닭을 물었을 때, 그는 말하였다. "나는 너의 주인에게 말하련다."

5. 인간은 이런 처지에서는 무엇을 소유하고 있어야 하는가? 자기의 소유와 자기의 소유 아닌 것을 생각하는 것 이외에 무엇이 있는가? 나는 죽어야 하는가? 죽어야 한다면 나는 그때 슬퍼해야 할 이유가 어디 있는가? 나는 추방되어야 하는가? 그렇더라도 그때 내가 웃어넘길 것을, 기꺼이 당할 것을 누가 나에게 훼방할 수 있겠는가?—비밀을 고하라고 하는가?—나는 결단코 말하지 않을 것이다. 왜냐하면 그것은 나의 자유이므로—그러면 나를 묶어 가려고 하는가?—그대는 무엇을 말하는가? 나를 묶으려는가? 하기는 그대는 내 발을 묶을 수 있을 것이다. 그러나 나의 의지는 제우스신도 정복할 수 없다—그대는 나를 감옥에 넣으려고 하는가? 그러나 그대가 감옥에 넣을 수 있는 것은 이 조그마한 육체에 불과하다—목을 베려고 하는가? 내가 언제 그대에게, 내 목을 베기 힘들다고 말하였는가? 이것이야말로 철학자가 날마다

생각하고, 날마다 쓰고, 이에 의하여 자기 자신을 수련해야 하는 것이다.

6. 스레시아스[4]는 언제나 이렇게 말하였다.

"나는 매일 추방되기보다는 차라리 오늘 죽음을 당하기를 원한다"고. 이에 루파스[5]는 그에게 말하였다.

"그대가 죽음을 더욱 어려운 일로 생각하여 이를 택한다면, 그것은 얼마나 우매한 것인가! 그러나 죽음을 더욱 쉬운 것으로 생각하여 택한다면 누가 그것을 그대의 자유에 맡겼는가? 그대는 부여된 것으로 만족하기를 원치 않는가?"

이에 아그리피나스는 말하였다. "나는 나를 훼방하지는 않는다."

어떤 사람이 그에게 "그대는 원로원에서 정죄하였다" 하고 말하였다. 그가 대답하기를 "잘 되어 가기를 빈다. 그러나 벌써 다섯 시다(그는 이 시간에는 운동을 하고, 이어서 냉수욕을 하는 것이 습관이 되어 있었다). 운동하러 나가려고 한다."

그가 운동을 마치자 누가 와서 그에게 말하였다. "그대는 유죄로 판결되었다"고. 그는 물었다. "그것은 추방이냐, 사형이냐?"

---

4) 스토아학파의 철학자—역주
5) 스토아학파의 철학자—역주

"추방이다." 이렇게 그는 대답하였다.

"재산은 어떻게 되는가?"

"몰수당하지 않아도 된다."

"그러면 아리티아[6]에 가기로 하자. 거기서 식사를 하지."

7. 이것이야말로, 마땅히 생각해야 할 것을 생각하였다고 하겠다. 나는 죽어야 한다. 그때가 지금 당장이라면 곧 죽으련다. 얼마 지난 후라면, 이제 곧 그 시각이 이를 터이므로, 나는 식사를 하련다. 식사를 하고 나서 죽으려고 한다. 어떻게 죽을 것인가? 마치 남의 재산을 돌려주는 사람과 같은 태도로 죽으련다.

4. 선의 본성

1. 의사나 체육 교사가 다루는 대상은 육체이고, 농부가 다루는 대상은 토지이며, 선량하고 현명한 사람이 다루는 대상은 자기의 지배 능력(정신)이다. 그 사람이 하는 일은, 관념을 그 자연의 성질에 따라서 올바로 사용하는 데 있다. 선한 일에는 동의하고 악한 일을 기피하며, 분명치 않는 일에 대하여는 주저하는 것이, 다시 말하면 선을 추구하고 악을

---

6) 로마의 근처에 있는 작은 고을의 이름—역주

멀리하며, 선도 악도 아닌 것은 아무런 태도도 취하지 않는 것이 인간의 본성이다. 그리고 환전상이나 야채 장수가 황제의 화폐를 배격하는 것은 불법으로, 만일 누가 이 돈을 가져오면, 자기가 원하건 원치 않건 그 돈으로 거래를 해야 하는 것처럼, 마음에 있어서도 마찬가지이다. 즉 선이 나타나면 사람들의 마음은 곧 이에 쏠리고, 악이 나타나면 곧 외면하게 된다. 그리하여 마음이 분명한 선의 표시를 배척하는 일이 절대로 없는 것은, 위에서 말한 사람들이 황제의 화폐를 배격하지 않는 것과 마찬가지이다. 선과 인간의 모든 행동은 이 사실을 토대로 하고 있다.

2. 선의 본성과 진수가 의지의 어떤 경향에 있음은, 악의 본성과 진수가 의지의 어떤 경향에 있는 것과 같다.7) 외계의 사물은 무엇인가? 그것은 의지에 대한 재료이며, 의지는 그것에 작용하면서 그 자신의 선과 악에 도달할 것이다.

그러면 의지는 어떻게 하여 선에 도달할 수 있는가? 그것이 작용하는 것—즉 재료를 상찬하여 이에 현혹되지 않음으로써 도달하는 것이다. 왜냐하면, 재료에 대한 우리의 의견이 정당할 때에는 의지가 정당하게 되고, 그 의견이 잘못되었을 때에는 의지가 악해지기 때문이다. 이 규칙은 신이 세

---

7) 선의 본성은 잘된 의지이며, 악의 본성은 나쁘게 된 의지이다.(프랑스 판—역주)

운 것이다. 신은 말한다. “만일 네가 선에 대하여 무엇을 얻고자 한다면, 그것을 네 자신에게서 취하라.”

그러나 그대는 말한다. “아니다. 다른 사람에게서 취해야 한다.” 그것은 안 될 말이다. 그것은 반드시 그대 자신에게서 구해야 한다. 폭군이 나를 위협하고, 나를 소환한다면 나는 말할 것이다.

“그대는 누구를 위협하는가?” 만일 그가 나에게,

“나는 너를 구속하려고 한다”고 말한다면, 나는 대답할 것이다.

“그대는 손과 발을 위협하고 있다.”

이에 그가 나에게, “나는 너의 목을 베려고 한다”고 말한다면, 역시 나는 대답할 것이다.

“그대는 나의 목을 위협하고 있다.” 다시 그가 나에게 만일,

“나는 너를 감옥에 넣으려고 한다”고 말하면, 나는 대답할 것이다.

“그대는 지금 나의 가엾은 육체를 모두 위협하고 있다.”

추방으로 위협할 때도 마찬가지이다. 그렇다면 그는 그대를 전혀 위협하지 않는가? 사실은 이러하다. 만일 내가 이러한 것들은 나에게 아무런 관계가 없다고 생각한다면, 그것은 나를 조금도 위협하지 못한다. 그러나 그러한 일이 나를 두렵게 하면, 그는 나를 위협할 수 있다. 그런데 나는 누구를

두려워해야 할 것인가? 어떤 사물의 임자를 두려워해야 할 것인가? 내 힘이 자유롭게 지배할 수 있는 사물의 임자인가? 거기에는 아무런 임자도 있지 않다. 그렇다면 내 힘이 자유롭게 할 수 없는 사물의 임자인가? 그러나 그러한 사물이 나에게 무슨 관계가 있는가?

3. 인간의 선은 의지 속에 있으며, 악도 의지 속에 있다. 다른 모든 것은 우리에게 아무것도 아니라는 것이 사실이며, 또 우리가 바보도 아니고 위선자도 아니라면, 우리는 어찌하여 마음을 어지럽혀야 하는가? 어찌하여 우리는 두려움을 느껴야 하는가? 우리가 갈망한 것은, 다른 사람의 힘이 미치지 못하는 것이다. 다른 사람의 힘이 지배할 수 있는 것은, 우리와 아무런 관계도 없다. 그렇다면 우리는 지금 어떠한 애로에 놓여 있는가? 그대는 말한다.

"그러나 나를 인도해 다오."

어찌하여 나는 그대를 인도해야 하는가? 신이 그대를 인도하지 않았는가? 신은, 그대 자신의 것은 외부로부터 훼방을 당하거나 손상을 입지 않도록 하여 그대에게 부여하고, 그대 자신의 것이 아닌 것은 외부로부터 훼방을 받고 손상을 입도록 하지 않았는가? 그대는 신으로부터 태어날 때에, 어떤 지시와 명령을 받았는가?

"그대 자신에 속하는 것을 단단히 붙잡고 있어라—그대에게 속하지 않는 것을 바라지 말라. 성실과 존경은 그대의 것이다. 누가 이것을 그대의 손에서 빼앗을 수 있겠는가? 그대 자신 이외에 누가 이것을 사용하는 것을 방해할 수 있겠는가? 방해할 수 있는 것은 그대 자신뿐이다—어떤 경우에 그런가?—그대가 자기 자신의 것이 아닌 것을 갈망하고, 그대 자신의 것을 버렸을 때이다."

제우스의 신으로부터 이러한 권고와 명령을 받고 있으면서, 그대는 아직도 나에게서 무엇을 얻으려고 하는가? 내가 신보다 더 위대한가? 나는 그대가 믿을 만한 존재인가? 그대가 만일 신의 명령을 잘 지키면, 그 이외에 무엇이 더 필요하겠는가? 그런데 그러한 것들은 신이 명령한 것이 아니라고 생각하는가? 그러면 본유개념을 보라. 철학자들의 증명을 보라. 그대가 때때로 들은 것, 그리고 그대 자신이 말한 것, 또한 그대가 읽은 것과 생각한 것을 살펴보라. 그렇게 하면 그대는 이러한 인생의 법도가 제우스 신, 또는 자연에서 생긴 것을 알 수 있을 것이다.

5. 철학의 약속

1. 세상에 존재하는 사물 중에서, 어떤 것은 우리 자신의 힘으로 지배할 수 있고, 어떤 것은 도저히 지배할 수가 없다.

우리의 힘으로 지배할 수 있는 것 속에는 우리의 의지, 노력, 욕구, 혐기 등이 속해 있다—즉 그것은 우리 자신의 모든 소산이다. 그리고 우리 자신의 힘으로 지배할 수 없는 것은 육체, 재산, 명예, 권력 등—우리 자신의 소산이 아닌 모든 것이다. 우리의 힘으로 지배할 수 있는 것은 그 본질상 자유이며, 훼방을 받거나 손상을 입는 일이 없다. 그러나 우리 힘으로 지배할 수 없는 것은, 힘이 약하고 노예적이며, 외부의 지배를 받고, 다른 사람의 손에 있는 것이다.

2. 그러므로 그대가 만일 그 자연의 성질상, 예속적인 것을 자유라고 생각하고, 타인에 속한 것을 그대 자신의 것으로 간주한다면, 그대는 훼방을 받고 슬픔과 불안을 느낄 뿐만 아니라, 신이나 인간을 원망하기까지 된다는 것을 기억하라.

이와 반대로, 그대는 참으로 그대 자신에게 속하는 것만을 그대의 소유물이라고 생각하고, 타인의 것은 타인의 것이라고 생각한다면, 아무도 그대를 압박하거나 훼방하지 않을 것이다. 또한 그대는 아무도 비난하거나 탓하지 않고, 아무리 사소한 일이라도 마지못해 하지 않으며, 아무도 그대를 해치지 못하고, 그대는 한 사람의 적도 갖지 않으며, 불리한 것은 전혀 일어나지 않을 것이다.

3. 그대가 이런 고귀한 경지에 도달하려고 노력한다면, 그

대는 이를 시작할 때, 단지 열심히 할 뿐만 아니라 많은 일을 포기하고 다른 어떤 일을 소홀히 해야 한다. 그대가 그런 경지에 도달하려고 힘쓰면서, 동시에 높은 벼슬자리에 있고 혹은 부자가 되기를 원한다면, 그대는 전자를 원하기 때문에 아마도 후자를 얻기가 더욱 어려워질 것이다. 그리고 그대가 행복과 자유를 누리지 못할 것은 정한 이치이다.

그러므로 모든 불쾌한 생각은 다음과 같이 말하여 대항하도록 하라. "너는 참된 존재가 아니다. 너는 단지 생각에 있어서의 존재에 지나지 않는다."

그리하여 나중에, 이것을 그대가 채택한 원칙에 의해—특히 우선 맨 처음의 원칙—즉 그것이 우리의 힘으로 지배할 수 있는 것에 속하는가, 속하지 않는가 하는 원칙—에 비추어 검토해 보라. 만일 그것이 우리의 힘으로 좌우할 수 없는 것에 속한다면 다음의 말을 명심하라.

"그것은 나의 관여할 바가 아니다."

6. 철학의 방법

1. 어떤 로마인이, 자식을 데리고 와서 에픽테토스의 강의를 들었다. 에픽테토스가 말하였다. "이것이 교육의 방법이다." 이 말 한 마디만 던지고 그는 잠자코 있었다. 이윽고 이

로마인이 강의를 계속해 줄 것을 그에게 원하자, 그는 이렇게 말하였다.

"어떤 기술도, 그것을 배우는 사람이 미지 미숙하면 매우 어려운 법이다. 그러나 기술적으로 만들어진 물건은, 그 용도가 분명하고 그 기술이 유용함을 보여 주며 대개 사람의 마음을 이끌어 기쁘게 하는 일면이 있다. 그러므로 제화공이 그 직업을 배울 때, 곁에 서서 그를 바라보는 것은 조금도 즐겁지 않지만 구두 자체는 유용하며, 또 이것을 보고 불쾌하게 생각하는 사람은 하나도 없다. 또한 목수의 일을 배우는 모습도 곁에 보기가 결코 유쾌하지는 못하지만, 제작된 물건은 이 기술이 유용함을 보여 준다. 그런데 이러한 일은 음악에서 많이 찾아볼 수가 있다. 왜냐하면, 그대가 만일 음악 공부를 하고 있는 사람을 바라보게 되면, 그 학습은 모든 훈련 중에서 가장 어려운 것이라고 생각될 터이지만, 그 기능의 소산인 음악 자체는, 이 방면에 문외한인 사람에게도 즐거움을 주기 때문이다. 그리하여 우리는 철학을 공부하는 사람의 일을 다음과 같이 생각한다. 즉 그 사람은, 무슨 일이든지 우리의 의사에 어긋나서 일어나지 않고, 또 무슨 일이든지 우리가 원하여 일어나지 않는 일이 없도록, 자기의 희구를 모든 일에 적응시켜야 한다. 그리하여 이와 같이 그 희구를 정리할 수 있었던 사람들에게는, 다음과 같은 이득이 있다. 즉 그 사람은 이제 구하여 얻지 못하는 것이 없고, 원치 않는 일을 회피하지 못하는 것이 없다. 그는 아무런 고통도, 공포도, 고생도 하지 않고 살아가며, 그들의 동반자에 대하여 말하자면, 그는 자식으로서, 아버지로서, 형제로서, 시민으로서, 남편으로서, 아내로서, 혹은 이웃 사람으로서, 친구로서, 군주로서, 신하로서, 자연적으로 존재하는 모든 관계나 후천적으로 얻는 모든 인간관계를 잘 지켜나가는 것이다. 우리는 이러한 일이야말로 철학을 연구하는 자의 일이라고 생각한다. 그리고 다음으로 우리는 어떻게 하면 이에 도달할 수 있는가를 생각해 보아야겠다.

2. 목수는 어떤 일을 배움으로써 목수가 되며, 길 안내자는 어떤 일을 배움으로써 길 안내자가 되는지는 두말할 필요가 없다. 철학에 있어서도 마찬가지가 아닐까? 우리는 단지 선량하고 현명하기를 원하는 것만으로 충분할까? 혹은 어떤 다른 것을 배워야 할까? 배워야 한다면 무엇을 배워야 할까?

3. 철학자들은 말한다. 신이 존재하며, 신이 모든 일을 헤아리고, 어떤 일에 있어서나—행위이건, 사상이건, 또는 소망이건—신에 대하여 숨길 수 없음을 아는 것이 무엇보다도 중요하다.

다음으로 신의 성질이 무엇인가를 알 필요가 있다. 왜냐하면, 신들이 어떤 성질을 갖고 있더라도, 신을 기쁘게 하고 신을 섬기는 사람들은 힘을 다하여 신을 닮으려고 노력해야 하기 때문이다. 만일 신의 성질이 성실이라면 그도 성실해야 하며, 만일 신의 성질이 자유라면 그도 자유를 누려야 한다. 만일 신의 성질이 자비라면 그도 자비롭게 되어야 하고, 고결이라면 그도 고결하게 되어야 한다. 요컨대 그는 신의 모방자로서, 이에 대한 모든 일을 행하고 또 말해야 한다.

4. 그러면 우리는 어디서부터 시작해야 할까? 만일 그대가 나와 함께 이 한 가지 일을 생각해 보고자 한다면, 나는 말하련다.

"그대는 우선 말의 의미를 잘 알아야 한다"고.

"그러면 나는 지금 말을 이해하지 못하고 있는가?"

"그렇다. 아직 이해하지 못하고 있다."

"그러면, 나는 어떻게 해서 말을 사용하고 있는가?"

이것은 마치 글자를 모르는 사람이, 글자로 쓰인 말을 사용하고, 짐승이 그 표상을 사용하는 것과 같은 것이다. 사용하는 것과 이해하는 것은 별개의 문제이기 때문이다. 그러나 만일 그대가, 이해하였다고 생각한다면, 그대가 마음대로 어떤 말을 지적하여 우리가 과연 이것을 이해하였는가를 자기 스스로 살펴보라. 그러나 아마도 세 번이나 전쟁에 나갔고, 이미 늙어 버린 사람(그대)에게는, 자기의 오류가 입증되는 것은 마땅치 않을 것이다. 그리고 그대도, 무엇이 그대에게 결핍되어 있는지 미처 생각할 수 없을 것이다. 보라, 그대는 돈이 많고, 자녀가 있고 아마도 아내와 많은 하녀를 두었을 것이다. 황제는 그대를 알고 있으며, 로마에 그대는 이미 많은 친구를 갖고 있을 것이다. 그대는 여러 사람들에게 줄 것을 주고, 그대에게 선을 행한 자에게는 선으로 보답하고, 악을 행한 자에게는 악으로 보답할 것이다. 이 이상 그대에게 더 무엇이 부족하단 말인가.

그런데 지금 내가 그대에게, 그대는 행복을 얻기 위해 가장 중대한, 그리고 가장 필요한 것이 결여되어 있으며, 오늘에 이르기까지 그대는 그대가 해야 할 일보다 오히려 다른 일에 관심을 갖고 있었다는 것을 말한다면—한걸음 나아가서 그대는 신이 무엇이며 인간이 무엇인지 모르고, 신과 악이 무엇인지 모른다고 말한다면—아니, 다른 일은 그대가 용납할지 모르지만, 만일 내가 그대에게, 그대는 자기 자신을 모른다고 말하면, 그대는 여전히 참고 내 말을 들으면서 한마디도 비난을 하지 않고 이곳에 머물러 있을 수 있는가? 그것은 불가능할 것이다—그대는 곧 분개하여 떠나 버릴 것이다.

그런데 나는 그대에게 무슨 잘못을 하였을까? 거울이 추한 사람에게 있는 그대로 비춰 준 것이 그 사람에게 잘못을 저지른 것이 아니라면, 또 의사가 환자에게 "당신은 아픈 데가 없다고 생각하지만 열이 있소. 오늘은 물만 마시고 음식을 전폐하도록 하오" 하고 말한 것이 환자를 모욕하는 것이 아니라면(나는 그대에게 조금도 잘못을 한 것이 아니다), 그리고 아무도 그렇게 하였다고 해서 "무슨 모욕인가?" 하고 말하지 않는다. 그러나 누가 어떤 사람에게, 그대의 욕망은 불살라 버렸다거나, 그대의 회피는 비열하다거나, 그대의 충동은 자연에 어긋난다거나, 또 그대의 의견은 어리석고 잘못되어 있다고 말한다면—그 사람은 곧 자리를 뜨면서 "사람을 모욕해도 분수가 있지…" 하고 말하는 것이다.

5. 우리가 일에 종사하는 것은, 마치 시장에 있어서와 같다. 가축이나 소는 팔려고 갖고 오며, 많은 사람들은 사려고(어떤 사람은 팔려고) 모여든다. 시장의 광경을 보기 위하여—시장에서 무슨 일이 일어나고 있는가, 무엇 때문에, 누가 시장을 세웠는가, 시장은 어떤 목적을 갖고 있는가를 알기 위해—모여드는 사람은 극히 드물다.

이 인생의 모임에 있어서도 마찬가지이다. 어떤 사람은 실제로 가축이나 다름없이 사료 이외의 것에 대하여는 염두에 두지 않는다. 재산, 토지, 노비, 관직과 같은 것에 집착하는 사람들도 이에 속한다. 왜냐하면 이것들은 필경 사료에 지나지 않기 때문이다.

그러나 세계를 널리 고찰하기를 즐겨 즉 세계란 어떤 것이며, 어떤 사람에 의해 그것이 지배를 받는가를 알기 위해—시장(세계)에 오는 자는 매우 드물다. 세계는 어느 누구에게도 지배되지 않는가? 하나의 도시, 하나의 집까지도 지배자 또는 보호자가 없이는 잠시도 존립하지 못하는데, 이렇게 광대하고 아름다운 건축이 우발과 우연에 의해 이와 같이 질서 정연하게 지배될 수 있을까? 그러므로 지배자는 존재한다.

그것은 어떤 자이며, 또 어떻게 하여 지배하는가? 그리고 우리는—어떤 존재로서, 또 어떤 일을 하기 위해, 그에 의해 만들어졌는가? 우리는 그에 대하여 적어도 어떤 교섭 또는 관계를 갖고 있지 않을까? 혹은 아무 관계도 없을까? 이것은 실로 그 소수자들만이 느끼는 것으로, 그들은 시장(세계)에 대하여 지식을 얻고 거기서 떠나기 때문에, 앞으로 계속해서 이 문제를 연구하는 것이다. 거기 어떤 일이 일어나고 있을까? 그들은 많은 사람들의 비웃음을 받는다. 그러나 이런 일은 시장에 있어서도 장사치들이 구경꾼에 대하여 하는 것이다. 그리고 가축이 만일 의식을 갖고 있다면, 그들도 사료 이외의 것을 생각하는 자를 비웃을 것이다.

7. 배우는 사람들에게

1. 욕망은 어떤 일이 바랄 만하다고 생각되며, 혐오는 미움을 받는 자의 축에 끼지 않을 것을 약속한다. 욕망에 의해 기만을 당하는 자는 불행하지만, 참을 수 없는 자의 무리에 빠지는 것은 더욱 불행한 일임을 기억하라.

그대가 만일 자기의 힘에 의지하고, 자연에 위배되는 것을 피하면, 그대는 자기가 혐오하는 자들 속에 빠지지 않는 것이다. 그러나 만일 그대가 병과 죽음과 가난을 피하려고 한다면, 그대는 불행하게 될 것이다.

2. 그러므로 우리의 능력 안에 있지 않은 것에 대한 모든 혐오를 피하라. 그리고 그대의 능력 안에 있고, 동시에 반자연적인 것에 대하여만 혐오하라. 그러나 욕망은 한동안 버리는 것이 좋다. 왜냐하면, 그대가 우리의 능력 안에 있지 않은 것을 원한다면, 그대는 반드시 불행해지기 때문이다. 그리고 우리의 능력 안에 있고, 또 욕구할 가치가 있는 것에 대하여는, 그대는 지금은 아직 아무것도 모르기 때문이다. 모든 욕구와 기피에 있어서는, 그대는 다만 조용히 그리고 침착하게 거취를 정하라.

3. 어떠한 대군도 갑자기 나타나는 것은 아니다. 한 송이의 포도, 하나의 무화과까지도 그렇지 못하다. 지금 그대가

나에게 "무화과를 먹고 싶다"고 말한다면, 나는 대답할 것이다.

"시간이 필요하다. 우선 꽃이 피어나게 하라. 다음에 열매를 맺게 하라. 이어서 여물게 하라"고. 무화과의 열매까지도 금방, 즉 한 시간 내에 되지 않는데, 그대는 인간의 마음의 과실을 그렇게 신속하게 또 손쉽게 얻을 수가 있겠는가? 설사 그대가 그렇게 할 수 있어도, 결코 이를 기대하여서는 안 된다.

4. 인간의 약속도 지키기가 쉽지 않다. 대체 인간이란 무엇인가? 그대는 대답할 것이다.

"인간이란 살아 있는 자이며, 또한 죽어야 하는 자이고, 이성이 부여되어 있다"고. 그러면 우리는 이성이 존재한다고 해서 무엇과 다른가? "짐승과 다르다."—그 밖에 무엇과 다른가? "양이나 그와 같은 동물과 다르다." 그러면 그대는 야수와 같은 행동을 하지 않도록 조심하라.

만일 그대가 그런 짓을 하면, 그대 안에 있는 '인간'은 사멸하고, 인간의 약속은 이루어지지 않을 것이다. 그리고 그대는 양 같은 소행을 하지 않도록 조심하라. 그렇지 않으면, 그대의 '인간'은 사멸될 것이다. "그러면 우리는 양과 같은 어떤 일을 할 수 있는가?"

"우리가 이토록 욕심이 많고, 정욕적이며, 터무니없고, 비루하고, 지각이 없으니, 우리는 무엇으로 타락되었을까?"

"양으로 타락된 것이다."

"우리는 무엇을 상실하였는가?"

"이성의 힘을 상실한 것이다."

"우리가 이렇듯 싸움을 즐기고, 타인에게 해를 끼치고, 성급하고 난폭하니, 우리는 무엇으로 타락하였는가?"

"야수로 타락한 것이다."

그리고 우리 가운데서 어떤 사람은 큰 야수이며, 또 어떤 사람은 질이 고약한 작은 야수이다. 이런 자들에게는 이렇게 말하련다.

"차라리 사자가 잡아먹어라."

이 모든 일에 의해, 인간성의 약속은 파기되었다.

5. 복합명제[8]는 어떤 경우에 성립되는 것일까? 그러한 약속을 지켰을 때이다.

그러므로 복합명제가 정당한 것은, 그것이 진리의 복합체일 때뿐이다. 또 선언명제는 어떤 경우에 성립되는가? 그것은 역시 자기의 약속을 지킬 때이다. 언제 피리나 거문고나

8) 복합명제란 몇 개의 단정을 포함하고, 그러한 단정이 모여서 하나의 서술이 되어, 그 하나가 잘못이면 전체가 잘못이 된다. 예컨대 "브루투스는 시저와 조국을 함께 사랑한 사람이요, 또 파괴한 사람이었다." 이에 반대되는 것이 선언명제로, 예컨대 "쾌락은 선악의 어느 쪽이거나, 선악의 어느 한쪽도 아니다."

말 또는 개는 존재하는가(역시 자신의 약속을 지켰을 때이다)? 그러므로 인간이 이와 동일한 방법으로 존재하고 또 멸망한다고 해서, 이상한 것이 무엇인가.

6. 그러나 모든 것은, 이 본성에 따라서 작용함으로써 증대되고, 또한 보존되는 것이다. 예컨대 목공은 그 기술을 실제로 적용하고, 문법가는 문법을 연구하는 데서 그와 같이 되는 것이지만, 만일 그가 문법에서 벗어난 글을 쓴다면, 그의 글은 자연히 망쳐질 것이다. 인간의 행위도 마찬가지이다. 겸손한 행위는 겸손한 인간을 보존해 나가고, 뻔뻔스러운 사람은 그 장본인을 파멸로 이끈다. 성실한 행위는 그 인간을 성실하게 보전해 나가고, 불성실한 행위는 그를 파멸시킨다. 이와 반대의 성격을 지닌 사람은, 그 반대의 행위로 말미암아 악덕이 증강된다. 즉 뻔뻔스러운 자는 뻔뻔스러운 행위에 의해, 불성실한 자는 불성실에 의해, 비방을 즐기는 자는 비방에 의해, 노하기를 잘하는 자는 분노에 의해, 욕심쟁이는 터무니없는 탈취에 의해 점점 악덕이 증강되는 것이다.

7. 말마다 같은 내용의 말을 하고, 같은 내용의 이야기를 듣게 되면, 이를 실생활에 적용하기 위해서가 아닌 한 인간의 마음에 쉽사리 확신이 서지 않음을 기억하라.

8. 강대한 힘은 어린 학자에게는 위험하다. 그대는 이를 애써 참아 나아가야 한다. "그런데 나는 자연에 좇아서 살아

가야 하지 않은가?" 병자에게는 그렇지 않다. 잠시 그대는 병자처럼 살아가라. 그러면 나중에 그대는 완전한 인간으로서 살아갈 수가 있을 것이다. 식사를 폐지하고 물만 마셔라. 잠시 모든 욕구를 억제하라. 이것은 후일에 그대가, 이성이 명하는 대로 욕구하기 위해서이다. 그대가 이성에 좇아서 욕구하고 선을 행하면, 그대의 욕구는 정당할 것이다.

"아니, 나는 성자처럼 생활하고, 인간에게 선한 일을 하고자 한다"고 그대는 말하는가? 어떤 선을 행하려고 하는가? 무엇을 그대는 하려고 하는가? 그대는 그대 자신에게 선을 행한 적이 있는가? 그대는 사람들을 훈계하려고 하는가? 그대는 지금까지 그대 자신에게 훈계를 한 일이 있는가? 그대는 그들을 이롭게 하려고 한다. 그러면 그대는 철학이 어떤 사람을 만드는가를 명심하여, 이를 그대 자신에게 나타내라. 입술을 열어 함부로 그들을 가르치지 말라. 그대가 먹을 때에는 그대와 함께 먹는 자를 이롭게 하고, 그대가 마실 때에는, 그대와 함께 마시는 자를 이롭게 하라. 모든 사람에게 주고, 모든 사람의 행실을 참고 견디며, 그들을 이롭게 하라. 그들에게 그대의 침을 뱉지 말라.

8. 견유학파[9)]

1. 견유학파에 기울어진 에픽테토스의 제자의 한 사람이 스승에게, 견유학파에 속하는 사람은 어떻게 행동해야 하며, 또 견유학파의 진정한 개념은 무엇인가 하고 물었다. 이에 에픽테토스가 대답하되—그것은 한가할 때에 생각해 보기로 하자. 그러나 이것만은 그대에게 말하고자 한다. 신을 도외시하고 큰일을 혼자서 해 나가려는 사람은, 신의 노여움으로 하여, 사람들의 앞에서 주책없는 짓을 하기를 원할 것이다. 규모가 있는 (다른 사람의) 집에 들어와서 "내가 이 집 관리인이 되어야겠다"고 말하는 사람은 없을 것이다. 만일 주인이 그 무례한 말을 듣게 되면, 즉시 그를 끌어내어 혼을 낼 것이다.

우주의 이 커다란 도시에 있어서도 마찬가지이다. 이곳에도 주인이 있어 만물에 대하여 각각 명령을 내리고 있는 것이다. 너는 태양이다. 너는 둥글게 운행하여 햇수와 계절을

9) 견유학파: 소크라테스의 제자 안티스테네스를 그 시조로 하는 금욕주의 학파로서 안티스테네스는 스승의 이상적인 인격을 실현하려고 하여 개인의 절대적 자유 및 덕이 곧 복이라는 이념을 실천하였다. 그러나 인간 세상의 대부분은 덕에 유해하다고 하며 모든 속박으로부터의 이탈을 이상으로 하며, 모든 문명 생활을 멸시하여 반문화적인 생활을 실행하는 자들이 나타나게 되었다. 키니크의 어원을 Kuon(개)에서 왔다고 보는 학자는, 견유학파 중 디오게네스가 개와 같은 생활을 한 까닭이다—역주

만들고, 과일을 익게 하며, 바람을 일으키기도 하고 가라앉히기도 하며, 적당한 온도로 인간의 육신에 열을 보내 주어야 한다. 너는 너의 길을 가면서, 크고 작은 모든 생물을 도와주어라. 너는 송아지이다. 사자가 나타나면 적당한 곳으로 피하여라. 그렇지 않으면, 너에게 해로울 것이다. 너는 황소이다. 나와서 싸워라. 그것은 네가 할 일이요, 네가 자랑삼는 일이다. 그리고 너는 그렇게 할 수가 있다. 너는 이리온(트로이)에 향하는 군대를 지휘할 힘이 있다. 아가멤논[10]이 되라. 너는 한숨에 헥토르[11]와 싸울 힘이 있다. 아킬레스[12]가 되어라. 그러나 테르시테스[13]가 나타나서 권력을 잡으려고 하면, 그는 실패할 것이다. 혹은 권력을 손에 넣어도 많은 사람들 앞에서 수치를 당할 것이다.

2. 그대는 견유학파에 대하여 잘 생각해 보아라. 견유학파는 그대가 생각하는 것과 다르기 때문이다. "나는 지금 초라한 외투를 걸치고 있다. 앞으로도 이것을 걸치고 있으련다. 나는 지금 잘 자고 있다. 앞으로도 그렇게 잘 잠들 것이다. 나는 동냥 주머니와 지팡이를 손에 들고자 한다. 그리고 돌아다니면서 걸식하며, 만나는 사람마다 경고하려고 한다. 만

10) 그리스의 총대장—역주
11) 트로이의 용장—역주
12) 그리스의 장수—역주
13) 그리스군의 가장 추하고 비겁하고 입이 고약한 군사—역주

일 머리칼을 뽑거나 지친 자를 보면 경을 치려고 한다. 혹은 붉은 옷을 입고 있는 자를 보면 욕해 주려고 한다." 그대가 견유학파의 사람들에 대하여 이렇게 생각한다면, 그들에게서 멀리 떠나라—그들과 가까이하지 말라. 그것은 그대에게 조금도 이롭지 못하다. 만일 그대가 그것을 사실로 생각하고 자기는 견유학파의 한 사람이 될 자격이 없다고 여긴다면, 그대는 얼마나 굉장한 잘못을 저지르는가를 잘 생각해 보아야 한다.

3. 우선 그대 자신에 대한 것을 생각해 보건대, 그대는 무슨 일에 있어서나, 그대가 지금 하고 있는 것과 유사한 행동을 하여서는 안 된다. 그대는 신과 인간을 저주하여서는 안 된다. 그대는 욕망을 완전히 버려야 한다. 그리고 그대의 의지의 힘이 미치는 한도 안에 있는 것만을 피하라. 분노는 그대답지 못하다. 원한도, 질투도, 비애도 마찬가지로 그대에게 어울리지 않는다. 소녀가 그대의 눈에 아름답게 보여서는 안 된다. 명예나 과자가 구미에 당겨서는 안 된다. 다른 사람들은 이런 일을 행할 경우에, 벽이나 집이나 암흑 등으로 자신을 감추는 것이다. 예컨대, 사람들은 문을 닫고, 찾아오는 사람이 있으면 없다거나 바쁘다고, 방 앞에 세워 놓는 문지기를 시켜서 말하게 한다. 그러나 견유학파의 사람들은 이렇게 하는 대신에 자기 자신의 경건과 겸양 뒤에 숨는 것이다.

만일 그들이 이렇게 하지 않으면 하늘 아래서 벌거숭이가 되어 수치를 당하게 된다. 하늘 아래가 그의 집이며, 그의 문이며, 그의 방 앞에 세워 놓는 문지기이며, 또한 그의 암흑이다. 왜냐하면, 그는 자기가 하는 일을 조금도 감추려고 하여서는 안 되기 때문이다. 만일 그런 일을 하면, 그는 죽은 자와 마찬가지이다. 즉 견유는 죽은 것이다. 활짝 갠 하늘 아래서 생활한 자—자유인은 죽은 것이다. 그는 외계로부터 오는 어떤 것을 두려워하기 시작하였으며, 몸을 숨길 곳을 찾기 시작한 것이다. 그러나 그는 이를 원하여도, 그것을 찾아볼 수가 없는 것이다. 어디에, 그리고 어떤 방법으로 그는 몸을 숨길 것인가? 만일 대중의 스승이 우연히 그 죄과를 발견하면, 그는 어떤 변을 당할지 모른다. 그리고 이것을 두려워하면서도, 그는 여전히 마음속으로 전 인류를 인도할 용기를 낼 수 있을까? 이것은 불가능한 일이다.

4. 그러므로 우선 그대는 자기 자신의 지배 능력과 자기 직업에 대하여, 다음과 같은 관점에서 순화시켜야 한다. "목수가 재목에 어떤 형체를 부여하고 제화공이 가죽으로 구두를 만드는 것처럼, 나는 내 마음속에 어떤 형체를 주어야 한다." 그리고 이 경우에 긴요한 것은, 관념을 정당하게 사용한다는 것이다.

육체도 그 한 부분도 나에게 있어서는 아무것도 아니다.

죽음은 어떠한가? 전체적인 죽음이나 부분적인 죽음도 올 때가 되면 온다. 그것을 피하라고 그대는 말하는가? 어디로 피한단 말인가? 누가 나를 우주 밖으로 내던질 수 있는가? 아무도 그런 일은 할 수 없다. 내가 어디를 가든, 거기에는 해도 달도 별도 있다. 어스름도 전조도 있고, 신들과의 교통도 있다.

5. 또한 참된 견유학파의 학도들은 이와 같이 되더라도 이것으로 만족하지 않을 것이다. 그대는 그 학도가 신으로부터 인간에게 보내진 사자이며, 선하고 악한 일에 대하여 인간에게 진리를 깨우쳐 주고, 이들은 선악의 본질을 잘못 파악하였으며 다른 방향에서 이를 추구하고 있음을 알려 주는 자임을 알아야 한다. 또 그는 디오게네스가 키로니아의 전쟁에서 포로가 되어 필립왕에게 이송됐을 때, 그가 대답한 것과 같은 의미에서 한 사람의 간첩임을 알아야 한다.[14)]

왜냐하면, 견유학파의 학도는 인간의 친구나 적을 탐색하고 이를 다 알아낸 후에 진상을 사람들에게 알려 줘야 하기 때문이다. 그리고 그는 공포심에서 적이 없는데 있다고 보고 할 수는 없다.

---

14) 디오게네스가 필립왕의 부하에게 체포되어 간첩 혐의로 문초를 받았을 때 그는 대답하였다. "오! 필립이여, 나는 정말 간첩이다. 그대의 생명과 왕국을, 부질없이 운명에 맡기는 그대의 무모하고 우매함을 찾으려는 자이다."

또 그는 어떠한 방법으로나 관념에 의해 혼란되고 당황해서는 안 되는 것이다.

6. 이리하여 그는 기회가 있을 적마다 감격에 넘쳐서 마치 비극의 무대에 오르는 것처럼 나타나고, 거기서 그는 소크라테스의 다음과 같은 말을 해야 하는 것이다.

오, 인간들이여! 그대는 어디까지 운반되어 가려고 하는가? 그대들은 무엇을 하고 있는가? 그대들은 가련한 자이다! 눈먼 자처럼 그대들은 여기저기를 방황한다. 그대들은 옳은 길을 잃고 그릇된 길을 가고 있다. 그대들은 평화와 행복을 다른 방향으로 찾고 있다. 그리하여 누가 그것이 있는 곳을 가리켜도 그대들은 믿지 않는다. 어찌하여 그대들은 그것을 외계의 사물에서 찾는가? 그대들은 그것이 육체 속에 있지 않느냐고 묻는가? 육체 속에는 있지 않은 것이다.—만일 그대들이 내 말을 믿지 않으면 보라, 미로는 어떠했는가! 오페리아스는 어떠했는가! 그것은 재물에 있지 않느냐고 말하는가? 재물 속에도 없다. 그대들이 내 말을 믿지 못하겠거든 보라, 크리사스[15]를! 그리고 당대의 부유한 사람들을 보라! 그들의 생활은 얼마나 비참하였던가!

그렇다면 그것은 권력에 있는가? 아니다, 거기에도 없다.

---

15) 리디아의 마지막 임금 부자로 유명함—역주

만일 거기에 있다면 두세 번씩 집정관이 된 사람들은 행복해야 할 것이다. 그러나 그들은 조금도 행복하지 못하다. 우리는 이 문제에 있어서 누구 말을 믿을 수 있는가? 그대들인가? 그 사람들을 단지 외면으로만 보고 외관에 의해 현혹된 그대들인가? 아니면 그 사람들인가? 그들은 무엇이라고 말하는가? 그들이 비탄에 빠져 있을 때, 그리하여 신음할 때, 또 그들이 집정관이기 때문에, 그들의 영광과 그들의 이름 때문에, 그들의 신분에 불행과 위험이 더욱 충만해질 때, 그들이 하는 말을 들어보라!

그러면 그것은 왕위에 있는가? 거기에도 없다. 만일 있다면 네로나 사르다나팔로스[16]는 행복하였을 것이다. 그리고 아가멤논도, 네로나 사르다나팔로스보다는 훨씬 훌륭하였지만 행복하지는 못하였다. 다른 사람들이 코를 골고 있는데 아가멤논은 무엇을 하였던가?

"그는 그 뿌리 깊은 머리칼을 하나하나 뽑아 버렸다."(일리아드 10)

그리고 그는 무엇이라고 말하였는가? "나는 마음이 산란하다. 나는 고민하고 있다. 내 심장은 찢어질 것 같다."—가엾은 인간이여! 그대에 관계된 것 중에서 어디에 잘못이 있

---

16) B.C. 668~626 아시리아의 왕, 부귀영화의 극에 달했으나 나중에 반역자들로 말미암아 자살함—역주

었는가? 그대의 재물인가? 아니다. 그대의 신체인가? 아니다. 그대에게는 황금과 청동이 많다. 그러면 그대에게 없는 것이 무엇인가? 그것에 의하여 우리가 원하고 기피하며, 갈망하며 혐오하는 부분을—그것이 무엇이건—그대는 등한시하고, 또 이를 퇴폐하게 하였던 것이다. 어찌하여 그것을 등한히 하였는가? 그는 참된 선과 악을 모르고 무엇이 그 자신의 것이고, 무엇이 그 자신의 것이 아닌가를 몰랐던 것이다. 자기 자신의 것이 아닌 어떤 사물에 재앙이 생기면 그는 말하는 것이었다.

"슬픈 일이로다. 그리스인은 재난에 빠졌다."

아, 그대의 마음이야말로 불행하기 짝이 없다. 모든 것 속에서 그대의 마음만이 등한시되고 버림을 받은 것이다.

"그리스인은 트로이인의 손에 죽을 것이다!" 하고 그대는 말한다. 그렇다면 트로이인이 그들을 죽이지 않으면, 그들은 죽지 않을까? 아니 죽기는 하지만, 한꺼번에 몰살되지는 않는다고 하느냐. 그렇다면, 어느 쪽이라도 무방하지 않는가? 왜냐하면 죽음이 재앙이라면, 동시에 죽거나, 따로따로 죽거나 마찬가지가 아닌가? 그들이 죽을 때, 육체나 영혼이 분리되는 것 이외에 무슨 일이 그들에게 일어나겠는가?

그 밖에도 아무 일도 일어나지 않는다. 그리스인이 죽으면, 그대에게 문호가 닫히고 그대도 함께 죽을 수밖에 없는가? 그렇지 않다. 그렇다면 무엇 때문에 슬퍼하는가? "나는 불행하다. 왕자로서 제우스 신을 섬기는 내가" 하고 말하는가? 세상에 불우한 신이 없는 것처럼 불우한 국왕도 없다. 그렇다면 그대는 원래 무엇인가? 사실을 말하면 그대는 하나의 양 치는 목자에 지나지 않는다. 왜냐하면, 그대는 늑대가 와서 자기 양을 한 마리 물어 갔을 때 목자가 함께 한탄하는 것처럼 한탄하기 때문이다. 그대가 다스리는 백성은 양떼이다. 그대는 무엇 하러 여기에 왔는가? 그대의 욕구 또는 기피의 능력이 위험에 빠져 있는가? 그(아가멤논)는 말한다.

"아니다. 내 아우의 아내가 약탈된 것이다." 불의한 아내에게서 벗어난다는 것은 커다란 이득이 아닌가?

"그러면 우리는 트로이인에게 멸시를 받지 않는가?" 트로이인에게? 대체 그들은 어떤 인간들인가? 현자인가, 혹은 바보인가? 만일 그들이 현자라면 그대들은 어찌하여 그들과 전쟁을 하는가? 만일 바보라면, 그대들은 어찌하여 그들을 염두에 두는가?

7. "이러한 사물 속에 선이 존재하지 않음을 알게 되었다. 그런데 선은 대체 어디에 존재하는가? 나의 존경하는 전도의 스승이요, 또한 철학자인 그대여! 나에게 가르쳐 달라." 그것은 그대의 생각이 미치지 못하는 곳, 그대가 그것을 찾아내려고 하지 않는 곳에 있다. 왜냐하면, 만일 그대가 찾아

내려고 하였던들, 이미 그대 자신 속에서 발견하였을 것이며, 외부의 사물에 한눈을 팔지 않고, 그대에게 속하지 않는 것을 마치 그대에게 속하는 것처럼 욕구하는 일도 없었기 때문이다.

그대는 자기 자신으로 돌아가라! 자기가 갖고 있는 본연의 개념을 이해하라. 그대들은 선을 무엇으로 생각하는가? 그것은 평화인가? 행복인가? 또는 자유인가? 그대들은 선을 마땅히 위대한 것, 귀중한 것, 침해되지 않는 것이라고 생각하지 않는가? 그대들은 평화와 자유를 이루기 위해 어떤 사물을 취하려고 하는가? 그것은 예속적인 것인가, 혹은 자유로운 것인가? 자유로운 것이라고 말하는가? 그대들의 육체는 예속적인 것인가, 자유로운 것인가? 우리는 알 수 없다. 일체는 열과 중풍과 안질, 이질, 폭력, 불, 철 등의 노예이며, 육체 자신보다는 강한 모든 것에 좌우되는 것임을 알지 못하는가? "그렇다. 그것은 노예적인 것에 틀림이 없다." 그렇다면 육체에 속하는 것이 어떻게 자유로울 수 있는가? 자연의 성질상 죽은 것이 흙에 지나지 않는 것이 어떻게 위대할 수 있으며, 또 귀중할 수 있는가?

8. 그렇다면 어떻게 되는가, 그대는 자유로운 것을 하나도 갖고 있지 못하는가? "아마도 그럴 것이다." 그대가 허위라고 생각하는 관념을 누가 그대에게 억지로 용납하게 할 수

있겠는가? "그것은 아무도 할 수 없다." 그렇다면 이 경우에, 그대는 자기 자신 속에 자연의 성질상 자유로운(타인에게 구속되지 않는) 무엇이 존재함을 이해하게 된 것이다. 그대들 속에서 누가, 이롭거나 적합하다는 관념을 갖지 않고, 무엇을 요구하고, 원하고, 싫어하고, 이용하고, 계획할 수 있겠는가? "그럴 사람은 없다." 그렇다면 이러한 것들 속에도, 그대들이 훼방을 받지 않는 자유로운 무엇을 갖고 있는 것이다. 가련한 인간들이여, 그대들은 이것을 완성해야 한다. 이에 유의하고 이 속에서 신을 찾아야 한다.

9. "아무것도 소유하지 않은 자가—노비도 없고, 국가도 없고, 알몸으로 집도 없고, 화로도 없고… 거지와 같은 자가 행복하게 살 수 있는 것은 어떻게 하여 가능한가?" 보라, 신은 이것이 가능함을 그대들에게 실제로 보여 주기 위해 한 사람을 택하였던 것이다.

"나를 보라, 나에게는 국가도 없고, 집도 없고, 재산도 없고, 노비도 없다. 나는 땅 위에서 잔다. 나에게는 아내도 없고, 자식도 없고, 집도 없고, 다만 하늘과 땅과 한 벌의 외투가 있을 뿐이다. 그럼 나에게 무엇이 결핍되어 있단 말인가? 내가 슬퍼한 적이 있었던가? 무서워한 적이 있었던가? 예속된 적이 있었는가? 내가 추구하는 것을 잘못 취하거나, 내가 기피하는 것과 만나는 것을 그대들은 본 적이 있는가? 내가 언제 신과 인간을 비난한 적이 있는가? 내가 언제 사람과 싸우던가? 내가 어두운 얼굴을 하고 있는 것을 본 사람이 있는가? 그대들이 무서워하거나 칭찬하는 사람들을, 내가 어떻게 대하던가? 나는 그들을 노예처럼 대접하지 않는가? 나를 보고, 자기 주인을 보는 것같이 생각하지 않는 사람이 있는가?

10. 이것은 견유학파 학도들의 말이요 그 특성이요, 또 그 의도이다—아니 그렇지 않다. 그런데 그들의 특징은, 그 밥주머니와 그 지팡이와 그리고 그 박식한 이야기이며, 주는 것은 다 받아먹거나 저장하고, 만나는 사람마다 비난을 퍼붓고, 혹은 자랑스럽게 어깨를 드러내는 일이라도 그대는 생각하는가.[17]

11. 이런 엄청난 일을, 그대는 어떻게 시작하려는가? 우선 거울로 그대의 두 어깨를 보라. 그대의 허리와 다리에 주목하라. 그대는 올림피아드의 경기에 이름을 등록하였다고 말하였다. 그것은 결코 흥미 없는 일은 아니다. 그대는 싱겁게 패배하고 물러설 수는 없다. 그러면 그대는 세계 사람들의 눈앞에서 수치를 당해야 한다. 비단 아테네인이나, 스파르타

---

17) 아무렇게나 외투를 걸치고, 어깨를 드러내 놓는 것이 당시의 유행이었다고 생각된다. 사이비 스토아학파의 사람들에 대한 에픽테토스의 풍자.

인이나, 니코폴리스인들의 눈앞에서만 수치를 당하는 것이 아니다. 그리고 그대가 너무 성급하게 경기에 참가하였다면, 그대는 회초리로 얻어맞아야 한다. 그리고 얻어맞기 전에, 갈증과 뜨거운 열기에 시달리고, 많은 먼지를 마셔야 한다.

12. 좀 더 상세히 생각해 보라. 그대 자신을 알라. 그대의 수호신에게 물으라. 신을 외면하고서는 아무 일도 하려고 들지 말라. 만일 신이 그대에게 조언을 하면, 신은 그대를 위대한 사람으로 만들기를 원하거나, 혹은 큰 고뇌를 당하기를 원하거나, 둘 중의 하나임을 확신하라. 이 매우 재미있는 일이 견유의 본분에 관련되어 있다. 그는 노새처럼 얻어맞아야 한다. 맞으면서도 때리는 사람들을 사랑해야 한다. 마치 그(견유)가 인류의 아버지나 형제라도 되는 것처럼—아니 그렇지 않다. 만일 사람이 그대를 때리면, 한가운데 서서 이렇게 외쳐라. "오오, 황제여, 나는 황제의 태평스러운 치세에 이 얼마나 큰 변을 당하는 것인가! 이 인간을 집정관 앞에 데리고 가지 않겠는가?" 하고.—그런데 견유에게 황제가 대체 무엇이란 말인가? 또 집정관이 무엇이란 말인가? 견유를 이 세상에 보낸 자, 그리하여 견유가 섬기는 제우스 신 이외의 것은 아무 가치도 없는 것이다. 그는 신 이외의 무엇에 기도하는가? 그는 어떤 괴로움을 받더라도, 신에 의한 연단이라고 생각한다. 헤라클레스가 에우리스테우스에 의해 단

련을 받았을 때, 그는 자기 자신을 불행하다고 생각하지 않았다.[18)]

그런데 제우스에 의해 연단을 받을 때, 고함을 지르면서 이를 참지 못하는 사람이 디오게네스를 섬길 가치가 있는가? 디오게네스가 열병에 걸렸을 때, 방관자에게 한 말을 들어라. "천한 인간들이여! 그대들은 여기 머물지 않으려는가? 그대들은 투사의 격투를 구경하기 위해 올림피아드까지, 얼마나 먼 길을 가야 하는가. 그런데 그대들은 이곳에 머물러서, 인간과 열병의 격투를 구경할 의향은 없는가?"

이러한 사람은—자기 자신의 처지를 자랑삼고, 주위의 사람들에게 자기 자신을 보여 줄 필요가 있다고 생각한 사람—자기를 이 세상에 보낸 신이, 푸대접을 하더라도 곧 신을 비난하는 일은 없다. 대체 그는 어떤 점에서 신을 비난할 수 있겠는가? 그의 생활이 분수에 맞는 것에 대해서일까? 그가 신의 뜻을 밝힌 일에 대해서일까? 그가 자기의 덕행을 더욱 분명히 나타내는 데 대해서일까—그런데 그는 죽음이나 고통에 대하여 무엇이라도 말하였는가? 그는 자기 행복과 '저 위대한 왕국을' 어떻게 비교하였는가? 그는 도저히 비교할 수 없는 성질의 것이라고 생각하였다. 혼란과 비애, 공포, 충

---

18) 헤라클레스는 델포이의 신화에 의해 에우리스테우스에게 충성하여, 열두 가지 어려운 사업을 성취하였다.

족되지 못하는 욕구, 성공을 거두지 못하는 실패한 기피, 그리고 질투나 경쟁이 있는 곳에 어떻게 행복의 길이 있겠는가? 이러한 것들은 썩어 빠진 견해 속에 있게 마련이다.

13. 전에 나타난 그 청년이 에픽테토스에게 물었다. "병에 걸린 견유는 친구가 그를 집에 데리고 가서 간호하기를 원하면, 그 제의를 받아들이는 것이 옳은 일인가, 옳지 않는 일인가?" 이에 에픽테토스가 대답하였다. 견유에게 친구가 어디 있는지 나에게 보여 줄 수 있는가? 견유의 친구가 되려면, 그 사람도 견유도 같이 되어야 하기 때문이다. 그가 만일 친구로서 합당한 자가 되려면, 견유의 사상과 권위를 나눠 가진 자라야 하며, 또 이에 충성하는 자가 되어야 한다. 그것은 마치 디오게네스가 자기 선생 안티스테네스에게 대해서와 같이, 또는 크라테스[19]가 디오게네스에 있어서처럼 되어야 한다.

혹은 그대는 견유를 찾아와서 그에게 인사를 드리는 사람은 누구나 그의 친구라고 생각하는가? 그리고 견유가 이러한 사람을, 그 집에 찾아갈 만한 가치가 있는 인물이라고 생각할 줄 아는가? 그러므로 만일 그대가 견유임을 즐긴다면, 차라리 열병에 걸린 그대의 육신을 눕혀 둘 적당한 무덤을

19) 크라테스는 디오게네스의 제자로 한평생 걸식 생활에 안주한 사람이다.

찾아서, 그대가 얼어붙지 않도록, 그 무덤의 위치가 북풍이 불어오는 방향에서 벗어나 있지 않은가 조심해 살펴볼 일이다. 그러나 그대는 어떤 사람의 집을 찾아가서, 거기서 그대의 시간을 보내며 성장하기를 원하고 있는 것처럼 보인다. 그렇다면, 큰일(견유가 되려는)을 계획하는 것과는 아무런 관계가 없다.

14. 그 청년은 말하였다. "그러나 결혼하여 자식을 두는 이 두 가지 일은 견유들도 인생의 중요 목적 속에 넣어야 하지 않겠는가?"

에픽테토스가 대답하였다.—여기 현자들만 사는 도시가 있다고 생각하자. 그러면 누가 견유의 길에 손쉽게 따를 것인가? 그들은 이 길을 따라야 할 아무런 이유도 발견하지 못할 것이다. 우리가 현자의 도시와 같은 것을 상상할 때, 거기에는 견유가 결혼하여 자식을 두는 것을 훼방할 아무것도 없는 것이다. 그의 아내는 현자일 것이며, 그의 새아버지도 현자일 것이고, 그의 자식은 현자로서 길러야 할 것이다. 그러나 싸움을 일삼는 오늘과 같은 세상에서는, 견유는 사람들 사이를 자유롭게 내왕하면서, 사적인 의무의 구애를 받지 않고, 또 여러 가지 사슬에 말려 들어가지 않도록 있는 힘을 다하며, 또 미로에 빠지지 않고 신에 봉사해야 하지 않겠는가?

이 사슬은, 그가 만일 이에 배반할 때에는, 그는 벌써 성실하고 선량한 외모를 잃을 것이며, 이에 굴복할 때에는, 그는 학자요, 현자, 요신들의 사자로서의 외모를 잃게 되는 것이다.

생각해 보라. 그는 새아버지에 대하여 어떤 효도를 해야 하며, 그의 아내나 그 밖의 연고자들에 대하여도 어떤 임무를 다해야 한다. 그 밖에도, 그가 병이나 생계의 방도에 대하여 관심을 가짐으로써 견유의 도에서 벗어나게 된다. 다만 한 가지 일을 하려고 하여도 예컨대 어린아이를 목욕시키려고 하여도, 물을 끓일 그릇이 있어야 한다. 또 아내가 해산하였을 때에는, 산모를 위해 양모도 준비해야 한다. 그리고 기름과 침대와 컵과—이것만 하여도 굉장한 가구이다—그 밖에 여러 가지 귀찮은 자질구레한 일들이 일어난다. 그러면 일반 사회의 행복을, 자기 임무의 전체로 삼고 있는 사람을, 나는 어디서 발견할 수 있을까?

"인간의 수호자이며, 많은 걱정거리를 갖고 있는 사람"(일리아드 225)을 나는 어디서 발견할 수 있을까? 이런 사람의 임무는, 모든 사람들—결혼한 사람이나 부모가 된 사람이나, 모두 감시하고, 누가 그 아내를 사랑하고, 누가 그 아내를 학대하며, 누가 싸우고, 어느 집이 잘 정돈되어 있으며, 어느 집이 난잡한가를 감시하고 의사처럼 돌아다니며 사람들의 진맥을 하며—"당신네들은 열이 있소. 당신에게는 두통이 일어나고 있소. 당신은 중풍이오. 당신은 목욕을 해서는 안 되오. 당신은 외과 수술을 받아야 하오. 당신은 찜질을 해야 하오." 하고 일일이 지시하는 사람을 나는 어디서 발견할 수 있을까? 사적인 의무에 매여 있는 사람은 이러한 일을 할 틈이 없다. 그는 자기 자식들을 위해 옷을 마련해 주어야 한다. 그는 공책이나 그 밖의 학용품도 자식들에게 안겨서 선생의 곁으로 보내야 한다. 그리고 인간은 모태 속에서부터 견유일 수는 없으므로, 아이들을 위해 침대를 마련해야 한다. 그렇게 하지 않고 아이들을 죽이느니, 차라리 견유이기를 그만두는 것이 나을 것이다. 보라! 이리하여 우리는 견유를 어떤 것으로 타락시키고 있으며—어떻게 하여 그 왕자인 지위를 견유에게서 빼앗아 버렸는가를. "그것은 사실이지만, 크라테스는 결혼하였다"고 그대는 반문하는가? 그러나 그대는 사랑에서 비롯되는 하나의 사실, 즉 제2의 크라테스인 한 사람의 아내를 인용하여 말하고 있다.[20] 그런데 우리가 지금 문제시하는 것은, 일반 사람들의 결혼에 대한 것이며, 또 사람들이 어떻게 하면 마음을 산란케 하지 않을 수 있느냐 하는 것이다. 우리는 오늘날과 같은 세상에 있어서는, 견유학파의

---

20) 크라테스의 아내는 부유한 집 딸이었지만, 자진하여 크라테스와 결혼하고 일생을 그와 함께 걸식 생활을 하였다.

주요한 관심사는 결혼이라고 생각하지 않는다.

15. 청년은 말하였다. "그러면 그는 어떻게 하여 사회생활을 유지해 나갈 수 있는가?"

에픽테토스가 말하기를—딱한 일이로군! 생각해 보라. 몇몇 자식을 낳아, 자기의 후계자로 삼는 자와 힘이 미치는 데까지 모든 인류를 보살피며, 그들이 무엇을 하는가, 그들이 어떻게 살고 있는가, 무슨 일에 종사하고 있는가, 어떤 의무를 등한히 하는가를 관찰하는 자와, 어느 편이 인류에게 큰 봉사를 하고 있는가? 테베인은 자식들을 남긴 사람들에 의하여 더욱 많은 이득을 입었는가, 혹은 자식이 없이 죽은 에파미논다스에 의해 더욱 많은 이득을 받았는가. 50명의 개구쟁이 자식들을 둔 아이깁토스이나 다나오스나, 여섯명의 아들과 여섯 명의 딸을 둔 아이올로스는, 호머보다 더욱 많이 사회에 이바지하였는가? 그러면 군대를 통솔하거나 시기를 짓는 일에 종사하려면, 결혼을 하여 아버지가 되는 것을 피해야 할까? 그런데 이 사람은 자식이 없는 대신에 아무런 소득도 없었다고 생각해서는 안 된다. 견유의 왕자적인 위치는 자식이 없는 보상을 하고도 남지 않는가?

그런데 우리는 견유의 위대함을 인정할 수 없을지 모른다. 그리하여 디오게네스의 성격도 못마땅하게 생각할지 모른다. 또한 우리는 '식당의 개'에 불과한 오늘의 견유를 보면,

그들은 때때로 대소변을 보는 것을 제외하고는 저 참된 견유를 조금도 닮고 있지 않다. 만일 그렇지 않았던들 참된 견유의 행실은 우리를 감동시킬 수 없었을 것이며, 그들이 결혼하여 자식을 두는 것을 원치 않았다고 하여서 별로 경탄하지 않았을 것이다. 견유란 인류를 손에 넣은 자이다.

그는 모든 남자들을 아들로 삼고 모든 여자들을 딸로 삼고 있다. 그러므로 모든 사람들을 일일이 찾아가서 여러모로 염려해 준다. 그대는 그가 만나는 사람들을 비난한다고 해서, 그를 부질없는 간섭과 참견을 하는 사람이라고 생각하는가? 그는 아버지로서 형제로서 그리고 전 인류의 아버지인 신의 종으로서 이 일을 하는 것이다.

16. 또한 견유는 정치에 참여해야 하는가의 여부를 나에게 묻는다면, 나는 이렇게 대답할 것이다. 어리석은 자여! 그대는 견유가 현재 하고 있는 일보다 더욱 훌륭한 정치를 찾아보려고 하는가? 그가 아테네 사람들 가운데 나타나 세입의 수단과 방법에 대하여 말하는 것이 더욱 훌륭한 태도라고 생각하는가? 모든 사람들이 아테네 사람, 코린토스 사람, 로마 사람, 그 밖의 모든 사람들에 대하여도 마찬가지로 세입의 수단 방법이나 평화 혹은 전쟁에 대해서가 아니라, 행복과 불행, 행운과 불운, 그리고 예속과 자유에 대하여 논하는 것이 견유의 본분이 아니겠는가?—이렇게 위대한 정치를

본분으로 삼고 있는 사람더러, 그대는 일반 정치에 관여해야 하는가의 여부를 나에게 물으려고 하는가? 또 그대가 나에게, 견유는 정치자가 되어야 하느냐의 여부를 묻는다면 나는 이렇게 말하고자 한다—"어리석은 자여! 어떤 정치가, 현재 그가 하고 있는 정치보다 위대할 수 있겠는가."

17. 이러한 사람에게는 어떤 육신의 건강을 필요로 한다. 왜냐하면, 그가 폐병쟁이처럼 메마르고 얼굴이 창백하면, 그의 가르침은 조금도 힘없어 보이기 때문이다. 그는 여러 가지 정신적인 이야기를 들려줌으로써, 어리석은 자들이 탐내는 것을 갖지 않고도 선량하고 현명한 자일 수 있음을 이들에게 확신시켜야 할 뿐만 아니라, 간소하고 단순한 야외 생활은 육체에 대하여도 해롭지 않음을 자기 육신으로 보여주어야 한다. 나는 이 점에 대하여도 증거를 갖고 있다. 디오게네스는 언제나 건강에 빛나는 모습을 하고 걸어 다니며, 그 육체로써 많은 사람들을 선으로 인도하였을 것이다. 사람들이 측은하게 생각하는 견유는 거지처럼 보인다. 사람들은 저마다 그를 외면하고 손가락질한다. 그러므로 그는 남에게 답답하게 보여서는 안 된다. 따라서 그는 사람들로 하여금 자기가 싫어서 피하게끔 하여서는 안 된다. 욕심이 없고 순박한 그의 모습은 깨끗하고 유쾌한 느낌을 주어야 한다.

18. 견유는 아름다운 육체를 지녀야 한다. 정신작용도 마

찬가지이다. 그렇지 않으면 견유는 단지 하나의 진흙덩이에 지나지 않을 것이다. 견유는 자기 자신에게 일어나는 모든 일에 대하여 민첩하게 행동해야 한다. 어떤 사람이 디오게네스에게, "그대가 신이 없다는 신앙을 가진 디오게네스인가?" 하고 물었을 때, 그는 이렇게 대답하였다.

"그게 무슨 말인가? 나야말로 그대가 신들의 미움을 받고 있는 것으로 생각하는데…"

그가 누워 자고 있을 때, 알렉산더가 그 앞에 서 있었다.

"남을 가르치는 사람은 밤마다 깊이 잠들어서는 안 된다."

디오게네스는 잠들고 있지 않았으므로 이렇게 대답하였다.

"인간의 수호자, 여러모로 인류를 걱정하고 있는 사람이라면 그래야지요."

19. 무엇보다도 견유의 지배 능력(정신)은, 태양보다도 순결해야 한다. 그렇지 못할진대, 그는 스스로 어떤 부정한 일에 빠져 있으면서, 남을 탓하려는 도박꾼이나 사기꾼이 되지 않을 수 없기 때문이다. 사리를 잘 생각해 보라, 국왕이나 폭군들의 창병이나 그 무기는 그들에게 사람을 책할 수 있는 위치와 범죄자를 벌할 수 있는 힘을 부여하고 있다. 비록 그들 자신이 고약한 짓을 하는 경우에도 마찬가지이다—그러나 견유에게 이 힘을 주는 것은, 무기와 창병 대신에 견유의 양심이다. 그가 사람들을 감시하고, 사람들을 위해 애쓰며,

순결한 마음으로 잠자리에 들었다가, 역시 순결한 마음으로 잠에서 깨며, 그의 사상은 신들과 친숙하여 제우스의 지배를 받고 있으며, 또한 그가 언제나,

"나를 인도해 주소서! 오 제우스의 신이여, 그대 운명의 신이여!" 하고 말하며,

'이리하여 그것이 신들의 뜻에 합당하면, 그렇게 행하게 하라'는 생각을 갖고 있었다는 것을 그 자신이 알게 되었을 때, 그가 그 형제와 그 자식들—즉 모든 그의 연고자들에게 자기의 생각한 바를 대담하게 이야기하는 용기를 가져서는 왜 안 되는가? 그러므로 이 경우에 그는, 부질없는 간섭을 하는 자도 아니고 참견을 하는 자도 아니다. 왜냐하면, 그는 남의 일에 관여하는 것이 아니라, 자기 일에 관여하고 있기 때문이다. 만일 그렇지 않다면, 장군이 부하인 사병을 감독하고, 검열하고, 감시하고, 규칙에 위배되는 지를 벌할 때, 그도 역시 부질없는 참견을 하는 자라고 해도 무방할 것이다. 그러나 만일 그대가 남을 비난하면서 과자를 몰래 외투 속에 감추어 갖고 있다면 나는 말하고자 한다.

"차라리 저쪽에 가서 그대가 훔친 것을 먹어라. 남의 눈치를 볼 필요가 무엇인가?"

그대는 대체 어떠한 존재인가? 소의 무리 속에 있는 암소인가? 꿀벌의 무리 속에 있는 왕벌인가? 자연이 왕벌에게 준

우월성을 그대가 갖고 있다면 그 증거를 보여라. 그러나 만일 그대가 꿀벌들을 지배할 정치권을 원하는 수벌이라면[21], 그대의 동포인 시민들이 그대를 타도하기를 벌들이 수벌에 대하여 하는 것 같으리라는 것을 그대는 생각하지 못하는가?

20. 그리고 견유는 세상 사람들에게는 둔감하고 돌덩어리와 같다고 생각할 정도로 참을성이 강해야 한다. 그는 아무도 탓하지 않고 때리지 않고 모욕하지 않지만, 자기의 신체를 누구에게나 자유로이 맡겨 버리는 것이다. 그는, 열등한 자는 우수한 자에게 패할 수밖에 없으며, 개인의 체력은 많은 사람들의 체력보다 약하며, 약자는 강자보다 열등함을 잘 알고 있다. 그러므로 그는 자기가 패배할지도 모르는 싸움에는 절대로 가담하지 않는다. 자기의 힘에 좌우되지 않는 힘은 모두 다른 사람에게 양도하여 다른 사람에게 속하는 사물에 대하여는 조금도 관여하려고 하지 않는다.

그러나 의지나 관념의 사용에 대한 문제에 있어서는 견유가, 얼마나 많은 눈을 갖고 있는가를 그대는 알아야 한다. 이 견유에 비하면 아르고스[22]도 소경이라고 할 수 있을 정도이다. 그의 공감은 너무 성급한가? 그의 소망은 무가치한가? 그의 욕구는 성과를 거두지 못하고, 그의 기피는 성공하지

21) 수벌에게는 이러한 권리가 없다—역주
22) 100개의 눈을 가진 거인, 그리스의 전설에 나옴—역주

못하는가? 그리고 그는 목적을 이루지 못하는 경우가 있는가? 그는 비난하거나, 아첨하거나, 질투하는 일이 있는가? 그의 큰 연구 과제와 그의 목적은 여기에 있다. 그러나 그 밖의 일에 대하여는 그는 드러누워 코를 고는 것이다. 왜냐하면, 모든 것이 평화롭기 때문이다. 그의 의지를 빼앗는 강도나 폭군은 없다. 그러나 그의 신체를 앗아가는 자는 없는가? 그의 재산을 빼앗는 자는 없는가? 그리고 그의 권세와 명예를 빼앗는 자는 없는가?—이러한 것이 그에게 대체 무엇이란 말인가? 이러한 것으로 그를 위협하려는 자가 있으면 그는 말할 것이다. "저리 가서 어린애 앞에서나 그런 짓을 하라. 가면을 무서워하는 것은 어린애이다. 그러나 나는 가면이 흙으로 되어 있어, 그 속에는 아무것도 없다는 것을 알고 있다."

21. 그대가 지금 묵상하고 있는 것은, 이러한 일들이다. 그러므로 만일 사정이 허락한다면, 그것을 잠시 동안 연기해 두어라. 그리고 이러한 능력이 그대에게 있는지 없는지 우선 생각해 보라. 헥토르는 안드로마케에게 이렇게 말하였다.

"차라리 집에 들어와서 옷감을 짜도록 하라. 전쟁은 남자의 임무요, 또한 어느 남자보다도 더욱 큰 나의 임무이다." (일리아드 6490) 그러므로 그는 자기의 능력이 어디에 있으며, 그녀의 능력이 어디에 있는가를 알고 있었던 것이다.

제 2 권

1. 진정한 신념과 그릇된 신념

1. 주요한 의론은 다음과 같은 여러 명제에서 비롯되는 것처럼 생각된다. 즉 ① 과거의 일은 모두가 필연적으로 참이다. ② 불가능한 일은 가능한 일에 수반될 수 없다. ③ 현재 참이 아니고, 미래에도 참이 아닌 사물은 있을 수 없다는 세 가지 명제로, 그 사이에는 서로 모순이 개재되어 있다.

그런데 디오도로스는 이 모순을 인정하고, 처음의 두 명제를 사용하여, 제3의 명제에 속하는 사물의 가능함을 논박하고, 그 있을 수 없음을 입증하려고 하였다. 또 어떤 자는 제2의 명제와 제3의 명제만을 사용하고, 제1의 명제는 결코 성립되지 않는다고 논하는 것이었다. 클리안테스파의 사람들은 이렇게 생각한 것 같다. 안티파타는 이들을 극력 변호하였다. 그러나 어떤 사람들은, 제3과 제1의 명제는 지지하지만, 동시에 제2의 명제도 내세우는 것이었다. 그러나 이제3자를 동시에 주장하는 것은 불가능하다. 이 3자는 본래 서로 모순되기 때문이다.

2. 그리하여 지금 누가, "이 명제들 가운데서 그대는 어느 것을 취하겠는가?" 하고 나에게 묻는다면, 나는 이렇게 대답할 것이다.

"나는 모른다. 그러나 디오도로스가 그 가운데서 어떤 것을 주장한다는 말은 듣고 있다. 그리고 판토이데스나 클리안테스의 제자들이 이와는 다른 명제를 채택하고, 크리시파스의 제자들은 다시 이것과는 다른 명제를 주장한 것이다"라고. 그러면 그 사람은 다시 물을 것이다.

"그대 자신은 어떤 견해를 갖고 있는가?" 나는 대답할 것이다.

"내 사상을 시험하여 여러 가지 이론을 비교하고 평가함으로써, 이에 대하여 자기주장을 내세우는 것은 내가 할 일이 아니다. 그러므로, 나는 문법학자와 조금도 다른 점이 없다. 헥토르의 아버지는 누구였던가?"

"프라이아모스이다."

"그 형제들은?"

"파리스와 데이포보스이다."

"그들의 어머니는 누구인가?"

"헤카베이다. 이것은 내가 직접 들은 것이다."

"누구에게서 들었는가?"

"호머에게서 들었다. 헤로도토스도 그들에 대하여 서술한 것으로 알고 있다. 그 밖에도 있을 것이다."

그런데 나는 주요한 의론에 대하여, 좀 더 현명한 말을 할 수 있을까? 만일 내가 허영심이 많은 인간이라면, 특히 연회석 같은 데서, 이에 대하여 서술한 사람들의 주장을 들어, 주위의 사람들을 놀라게 할 것이다—크리시파스는, 그가 쓴 《가능성에 대한 논고》의 제1권에서, 이에 대하여 놀라운 서술을 하고, 클리안테스는, 이에 대하여 뛰어난 논문을 쓰고 아카데모스도 이에 동조하고 있다. 그리고 안티파타도, 그의 저서 《가능성에 대한 논고》에서뿐만 아니라, 주요한 이론에 관한 책에서도 별도로 이를 논하였던 것이다. 그대는 아직 이 책을 읽지 않았는가? 그렇다면 읽어 보라. 그러나 이것을 읽었다고 해서, 무슨 이득이 있을 것인가? 독자는 지금보다 좀 더 다변한 자가 되고, 좀 더 까다로운 자가 될 뿐일 것이다. 그대는 그것을 읽고 어떤 이득이 있었는가? 그 내용에 대하여 그대는 어떤 견해를 갖게 되었는가? 그대는 아무런 견해도 가질 수 없었다. 그대는 다만 헬레네나 프라이아모스에 대하여, 그리고 전에 존재한 적이 없고, 또 앞으로도 존재하지 않을 칼립소의 섬에 대하여 우리에게 이야기해 줄 수 있을 뿐일 것이다.

3. 그대가 호머를 읽고 단지 그 사건에 정통할 뿐이며, 그대 자신의 견해를 갖지 못하더라도, 그것은 별로 문제가 되지 않는다. 그러나 이러한 일은 무엇보다도 윤리에 관계될 때 흔히 찾아볼 수 있다. 선과 악에 대하여 나에게 말하라고 하는가? 그러면 그가 하는 말을 들어 보라.

"바람은 나를 트로이에서 시코니아로 데려왔다"[1](오디세이아 8, 39)

"사물 중에서 어떤 것은 선이고, 어떤 것은 악이며, 그 밖의 것은 선도 악도 아니다. 선은 덕과 덕의 성질을 가진 것이며, 악은 부덕과 부덕의 성질을 지닌 것이다. 그리고 선도 악도 아닌 것은 재산, 건강, 생명, 죽음, 쾌락, 고통처럼 선과 악의 중간에 존재하는 것이다."

"그대는 어떻게 그것을 알고 있는가?"

"헤로도토스가 그것을 이집트 역사 속에 서술하고 있기 때문이다."

그런데 디오게네스가 그것을 그의 《윤리학》 속에 서술하건, 크리시포스가 서술하건, 또는 클리안테스가 가르쳤건 마찬가지가 아닌가. 그대는 그들의 말 가운데서 어떤 것을 검토하고, 그대 자신의 견해를 갖게 되었는가? 그대가 바다 위

---

1) 에픽테토스가 어찌하여 별안간 호머의 시구를 여기 인용하였는가에 대하여는 이론이 분분하다.

에서 폭풍을 만났을 때, 이를 감당하는 방법을 나에게 보여 달라. 돛대가 윙윙거리고 있을 때, 어떤 귀찮은 사람이 고함을 지르는 그대 곁에 와서,

"그대가 바로 얼마 전에 한 말을 나에게 들려 달라. 파선을 당하는 것은 죄악인가, 아닌가? 그것은 죄악의 성질을 갖고 있는가, 있지 않는가?" 하고 물었을 때, 그대는 선악에 대한 분별을 잊지 않을 수 있는가? 그대는 이때 지팡이를 들어 그의 앞에서 흔들며,

"잠자코 있으라. 우리는 죽어가고 있다. 그대는 우리를 놀리러 왔구나!" 하고 말할 것이다. 또 그대가 어떤 일에 대해 고발을 당하여 황제의 부름을 받게 되면, 그때 그대는 선악의 구별을 잊지 않을 수 있을까? 그대가 새파랗게 질려 벌벌 떨면서 법정에 들어가려고 할 때, 어떤 사람이 다가와서,

"어찌하여 그대는 떨고 있는가? 무슨 일이 일어났는가? 이 법정에 앉아 있는 황제는 그리고 들어오는 사람들에게 덕과 부덕을 부여하는가?" 하고 말한다면, 그대는 대답할 것이다.

"어찌하여 그대는 재난에 걸려 있는 나를 우롱하려고 하는가?" 하고. 이어서 그대는 다음과 같이 덧붙여 말할 것이다.

"나를 가만히 놓아두렴. 내가 당하는 재난만 하여도 족하다."

사실 그대가 하는 말은 옳다. 그대의 재난은 그것만으로도 충분하므로. 그 재난이란 비열함이요, 비겁함이요, 또 그대가 철학의 강좌에 앉았을 때의 짐짓 거만을 부리는 태도이다. 그대는 어찌하여 다른 사람의 영광으로써, 자기 자신을 장식하는가? 어찌하여 그대는 자기 자신을 스토아 학도라고 말하는가?

4. 그대들은 스스로 하고 있는 일에 대하여 유의해 보면, 자기가 어느 학파에 속하는가를 알 수 있을 것이다. 그대들 중에는 에피쿠로스학파(쾌락주의)에 속하는 자가 가장 많고, 극히 적은 사람들이 소요학파(페리파토스학파)[2]에 속하며, 그나마 이 사람들까지도 별로 열의를 갖고 있지 않음을 발견하게 될 것이다. 덕이 다른 모든 것과 필적하며, 혹은 그 이상의 가치가 있다고 그들이 생각하는 근거가 어디 있는가? 만일 그대들 중에 스토아학파가 있다면 보여 달라. 그들은 어디 있는가? 그리고 어찌하여 스토아학파라고 할 수 있는가? 다만 말로만 스토아학파라고 하는 사람이라면, 그대들은 몇 사람을 보여 줄 수 있을 것이다. 그들은 에피쿠로스의 학설도 잘 모르는가? 그리고 소요학파의 주장도 잘 모르는가?

---

2) 아리스토텔레스의 학파—역주

참으로 스토아학파의 학도는 누구인가? 우리가 피디아스의 예술 정신으로 조각한 조각물로 피디아스파라고 말하는 것처럼, 자기 자신이 내세우는 학설에 입각하여 이루어진 사람을 나에게 보여 달라! 병들어도 행복하고, 재난을 당하여도 행복하며, 죽게 되어도, 추방되어도, 악평을 당하여도, 행복한 사람을 나에게 보여 달라. 나는 참으로 스토아 학도를 만나고 싶다.

만일 그대들이 완성된 것을 갖고 있지 않다면, 적어도 제작 중인 것—즉 그 정신에 기울어져 있는 사람을 보여 달라! 나에게 이러한 은총을 달라! 이 늙은 것이 아직 보지 못한 것을 지금 보여 주는 데 인색하지 말라. 그대들은 내가, 상아나 금으로 되어 있는 피디아스의 아테네 신이나, 제우스 신의 초상을 보여 주기를 원한다고 생각하는가? 아니다. 신과 같은 마음을 갖기를 바라고, 신도 인간도 탓하지 않고, 노력하거나 기피하는 데 실패하지 않으며, 분노도, 질투도, 선망도 갖지 않는 사람의 마음을—나는 왜 이렇게 간접적으로 말해야 하는가? 신이 되기를 원하는 사람의 마음을 인간의 육체, 이 죽어야 할 육체 속에 있으며 스스로 신과 형제임을 인식하는 사람의 마음을 나에게 보여 달라. 그러나 그대들은 이것이 불가능할 것이다. 그런데 어찌하여 그대들은 자기를 비웃고 남을 기만하려고 하는가? 어찌하여 그대들은 다른 사람의 옷을 입고, 목욕탕에서 옷을 훔치는 도적과 같이 그대에게 속하지 않은 명칭이나 사물을 갖고 다니는가?

5. 지금 나는 그대들의 스승이며, 그대들은 나의 가르침을 받고 있다. 나는 그대들의 훼방을 받지 않고, 강요되지 않고, 성가심을 받지 않고, 자유롭게, 영화롭게, 행복하게, 그리고 모든 크고 작은 일에 있어서 신만을 바라보도록 그대들을 가르치려는 것이다. 그대들은 이런 것을 배우고, 또 그것을 행하기 위해 여기 와 있는 것이다. 그대들은 자기에게 적합한 목적을 갖고 있으며, 나는 이 목적 이외에 나에게 적합한 능력도 갖고 있는데, 어찌하여 그대들은 그 일을 완성시키지 않는가? 이 경우에 결핍되어 있는 것은 무엇인가? 나는 목수와 그 곁에 놓여 있는 재목을 보고, 어떤 제작을 기다린다. 그런데 지금 여기에 목수가 있고 재목이 있다. 여기 무엇이 더 결핍되어 있는가? 이것은 가르칠 수 없는 성질의 것인가? 아니 가르칠 수 있는 것이다. 그렇다면 그것은 우리 힘이 미치지 못하는 데 있는가? 아니다. 세상만사 가운데서 오직 이것만을 우리 힘으로 좌우할 수 있는 것이다.

단지 관념의 정당한 사용만을 제외하고는, 재산도, 건강도, 명예도 또 그 밖에 무엇이든지 우리의 능력으로 좌우할 수는 없다. 그러면 어찌하여 그대들은 그 완성의 경지에 이르지 못하는가? 그 까닭을 나에게 말하라! 이 경우에 잘못은 나에게 있거나, 그대들에게 있거나 또는 그 일의 성질 속에 있거나 삼자 중에서 어느 하나이다. 그러나 그 일 자체는 이루어질 수 있는 것으로 실로 우리의 힘이 지배할 수 있는 유일의 것이다. 그러므로 그 나머지 내가 아니면 그대들이 나쁜 것이다. 혹은 좀 더 진지하게 말하면, 양자가 다 나쁜 것이다. 그러면 그대들은 어떻게 하려는가? 결국 우리는 이러한 목적을 지니도록 해야 하지 않은가? 그리고 과거는 묻어두어라. 우리는 지금 시작하기로 하자. 나를 신뢰하라. 그렇게 하면 그대들은 결과를 알게 될 것이다.

2. 인생의 유희

1. 자연의 임무는 우선 '정의'의 힘과 '유용'의 힘을 결합하여, 이를 조화시키는 데 있다.

2. 여러 가지 사물 자체는 선도 악도 아니지만, 그 용도는 그렇지 않다. 우리는 어떻게 하면, 안정된 마음을 갖고 동시에 부주의와 방종에 흐르지 않도록 사물에 대하여 세심할 수 있는가? 만일 주사위 놀이를 하는 사람의 경우를 예로 들어 생각해 보면, 그것을 알 수 있을 것이다. 수는 선도 악도 아니다. 주사위도 마찬가지이다. 그리고 우리는 어떻게 하여, 어떤 수가 던져지는 것을 알 수 있을까? 그러나 던져진

수를 조심스럽게, 그리고 교묘히 이용하면, 나의 본래의 일을 시작할 수 있는 것이다. 인생에 있어서 가장 큰 일도 마찬가지이다. 우리는 사물을 분별하여 다음과 같이 말할 것이다. "외계의 사물은 우리의 힘으로 좌우할 수 없다. 그러나 의욕하는 것은 우리의 임의대로 할 수가 있다. 나는 어디서 선을 구하고, 어디서 악을 구하랴? 나의 안에서—나 자신의 것 속에서이다. 그러나 그대에게 속하지 않는 모든 일에 대하여는, 그대는 아무것도 선이나 악, 유익이나 무익, 혹은 이런 종류의 명칭으로 불러서는 안 된다."

3. 그렇다면 우리가 이러한 사물에 대하여는 주의를 기울이지 말아야 하는가? 아니, 그렇지는 않다. 왜냐하면, 그것은 의지에 있어서 악덕이며, 자연에 어긋나기 때문이다. 사물의 사용 자체는 선이나 악이므로 유의해야 하지만, 사물 자체는 선도 악도 아니므로, 우리는 확고하고 안정된 태도를 취해야 한다. 왜냐하면, 적어도 나 자신에 관한 일(나의 힘으로 좌우할 수 있는)에 있어서는 아무도 나를 훼방하거나 강요할 수 없으므로, 내가 훼방이나 강요를 받을 수 있는 일은, 이를 손에 넣는 것이 내 능력에 속해 있지 않기 때문이다. 또 그것은 선도 악도 아니다.

다만 내가 사물을 사용하게 되면 그것은 선일 수도 있고 혹은 악일 수도 있다. 이것은 나의 힘으로 좌우할 수 있는 범위에 속하는 것이다. 외계의 사물에 영향을 받는 사람의 세심한 주의와, 외계의 사물에 영향을 받지 않는 확고부동한 마음을 함께 혼합하고 융화하는 것은 매우 어려운 일이다. 그러나 이것은 전혀 불가능하지는 않다. 만일 그것이 불가능하다면 행복할 수도 없는 것이다.

4. 무슨 일이나 어떻게 해야 할 것인가를 유의하는 사람을—즉 사물 자체를 손에 넣을 것을 생각하지 않고, 자기 자신의 능력을 생각하는 사람을—나에게 보여 달라!

5. 크리시포스는 적절한 말을 하였다. 미래의 사물이, 우리의 눈에 숨겨져 있는 한, 자연에 따르는 사물을 획득하는데 가장 알맞은 상태를 나는 언제나 유지하려고 한다. 왜냐하면, 신 자신이 몰래 이러한 선택을 할 수 있는 힘을 나에게 주었기 때문이다. 그러나 내가 만일 지금 병에 걸릴 운명에 놓여 있다면 나는 자진하여 그 운명의 편에 설 것이다. 왜냐하면, 발까지도 만일 그것이 전체를 위해 이로운 일이라면, 스스로 진흙을 묻히는 것도 사양치 않을 터이므로.

6. 그대는 곡식의 이삭이 무슨 목적을 위해 피어난다고 생각하는가? 그것은 여물기 위해서가 아닌가? 또한 여무는 것은, 베임을 당하기 위해서가 아닌가? 그들이 이 세상에 나온 것은 그들 자신만으로 살아가기 위해서가 아니다. 만일 그들이 지각을 갖고 있다면, 베어가지 않기를 원하는 것이 그들

에게 당연한 일일까? 베어가지 않는다는 것은, 곡식의 이삭으로서는 하나의 저주이다. 그러므로 인간에 있어서 영생불사란, 이삭이 익지 않아 베어가지 않는 것과 마찬가지로 하나의 저주라는 것을 이해해야 한다. 그러나 우리는 베어가야 할 존재인 동시에 또한 베임을 당할 존재라는 것을 의식하고 있기 때문에, 이에 대하여 화를 내는 것이다. 이것은 우리 자신이 무엇인가를 모르고, 또한 말을 돌보는 자가 말에 관한 것을 연구하는 것처럼, 우리가 인류에 관한 것을 연구하지 않는 데서 오는 것이다. 그런데 (크세노폰이 전하는 바에 의하면) 페르시아의 크리산투스는, 바야흐로 적을 격파하려고 했을 때, 자기를 소환하는 나팔 소리를 들었으므로 이를 보류하였던 것이다. 자기의 의지에 따르는 것보다 지휘관의 명령에 따르는 것이 더욱 훌륭한 일이라고 생각하였기 때문이다.

그런데 우리는, 필연의 소환을 받아도 누구 하나 이에 순종하려고 하지 않고 울부짖으며 신음을 하고, 우리가 받는 것을 가리켜 운명이라고 말하는 것이다. 그런데 어떤 운명인가. 만일 그대가 운명을 가리켜, 우리들의 신변에 일어나게끔 정해진 것을 의미한다면, 우리가 행하는 모든 일은 이미 정해져 있는 것이다. 그러나 우리의 고뇌만을 운명이라고 불러야 한다면, 태어난 것이 멸망한다고 해서 어찌하여 고통일 수 있겠는가? 우리를 멸망시키는 것은, 검이기도 하고, 차륜이기도 하고, 바다이기도 하고, 지붕 위의 기왓장이기도 하고, 또한 폭군이기도 하다. 그대가 어떤 길을 거쳐서 저승에 가건 마찬가지가 아니겠는가. 그러나 그대가 진실을 알고 싶다면 말하고자 하거니와, 폭군이 그대를 저승에 보내는 길이 가장 가까운 것이다. 어떠한 폭군도 사람의 목을 베는 데 6개월씩이나 걸린 일이 없지만, 열병은 가끔 사람을 죽이는 데 1년씩이나 걸리는 것이다. 이 모든 일은 단지 음향에 불과하다. 공허한 명칭의 울림에 불과하다.

7. 우리로 하여금, 항해에 나갈 때처럼 행동하게 하라. (이 경우에) 내가 할 수 있는 일은 무엇인가? 내가 할 수 있는 것은 선장과 뱃사공과 만나는 기회를 스스로 선택하는 일이다. 그러고 나서 (바다에 나가) 폭풍을 만났다고 하자. 이 일은 나와 어떤 관련을 갖게 되는가? 나는 이미 해야 할 일을 다 하고, 미완성으로 남아 있는 것은 하나도 없는 것이다. 문제는 타인—즉 선장에게 있다. 그런데 이제 배는 가라앉으려고 한다! 가라앉더라도 내가 무엇을 할 수 있겠는가? 나는 자기가 할 수 있는 것만을 할 뿐이다—나는 두려워하지도 않고 울부짖지 않고, 신을 원망하지 않고, 이 세상에 태어나는 것은 이윽고 죽어야 함을 알고 익사할 뿐이다. 나는 영생불사를 누릴 자가 아니고, 한 사람의 인간이며, 마치 한 시간

이 하루의 일부인 것처럼 전체의 한 부분이다. 나는 시간이 되어 이 세상에 왔던 것이다. 그리하여 이제 시간이 되어 가야 한다. 어떤 방법으로 가든 나로서는 무방하다. 물에 빠져 죽든, 열병으로 죽든. 아무튼 나는 이와 비슷한 원인으로 죽어야 하는 것이다.

이것은 공 던지기를 하는 사람들에게는 찾아볼 수 없다. 아무도 공을 선하거나 악하다고 해서 유의하지 않는다. 다만 그것을 던지거나 받는 것에만 유의한다. 여기 법칙이 있고, 기술이 있고, 민속한 동작이 있고, 판단이 있다. 나는 다른 사람이 던지는 공을 잘 못 받거나, 내가 던지는 공을 다른 사람이 잘 받는 경우가 있을지도 모른다. 그러나 만일 내가 공을 던지거나 받을 때에 걱정을 하고 겁을 낸다면 그것은 어떤 종류의 유희가 될 것인가? 다른 사람들을 불안하게 할 것이다. 유희의 규칙을 지킬 수 없는 것이다. 어떤 사람은 "던지라"고 말하고, 다른 사람은 "던지지 말라" 하고, 또 다른 사람은 "당신은 한 번 던지지 않았는가" 하고, 말할 것이다. 그러나 이렇게 되면 그것은 싸움으로 결코 유희는 아닌 것이다.

8. 소크라테스는 공을 던지는 방법을 잘 알고 있었다. 어떻게? 그가 법정에서 농담을 하고 있을 때였다. 그는 입을 열었다.

"내가 신이 없는 줄로 믿고 있다고 그대는 말하는데, 그 까닭을 나에게 들려주게. 대관절 데이몬[3]이란 무엇인 줄 그대는 생각하고 있는가? 그들(데이몬)은 신의 아들이 아닌가? 그리고 신들과 인간 사이의 혼합물이 아닌가?"[4] 이 말이 수긍되었을 때 그는 다시 말하였다.

"그대는 말의 존재는 믿으면서, 당나귀의 존재를 믿지 않는 사람이 있다고 생각하는가?" 그는 이렇게 말하고 공을 던졌다. 그러면 그들 사이에 던져진 공은 무엇이었을까? 그것은 생명이요, 사슬이요, 추방이요, 한 컵의 독이요, 아내와의 이별이요, 고아를 남기는 것을 말한다. 이러한 것들은 그들이 사용하며 장난을 한 사물이었다. 그는 물론 공을 던지더라도, 상당한 품위와 절도를 잊지 않았다. 그러므로 우리도 열심히 공을 던지는 자의 세심한 주의를 갖는 동시에, 그것이 단지 공에 불과하다고 무심하게 생각하면서 공을 던져야 한다.

---

3) 데이몬은, 그리스인들의 견해에 의하면 인간과 신의 중간적인 존재로, 악한 데이몬도 있고 선한 데이몬도 있다는 것이다. 기독교에서 말하는 데이몬은 악마를 가리킨다.
4) 소크라테스의 말—역주

3. 사물의 진상

1. 그대를 기쁘게 하는 것, 그대를 이롭게 하는 것, 따라서 그대에게 애호를 받는 것에 대하여 그대는 본래 그것이 어떤 성질을 갖고 있는 것인가를 분명히 하여야 한다. 그리고 이것은 일에서부터 시작하라. 지금 그대가 하나의 물단지를 본다면, 그대가 보고 있는 것은 단지 물단지라고 말하라. 그러면 그것이 깨어져도 그대는 상심하지 않을 것이다. 그대가 아내나 자식을 껴안을 때, 자기 자신에게 말하라—자기가 입을 맞추고 있는 것은 한 인간이라고. 그러면 그대는 그들이 죽어도 당황하지 않을 것이다.

2. 그대가 어떤 일을 시작하면, 그것이 어떤 종류의 일인가를 세밀히 생각해 보라. 그대가 목욕탕에 가려고 하면, 우선 무슨 일이 목욕탕에서 흔히 일어나는가를 생각해 보라. 어떤 사람은 떠밀고 어떤 사람은 사납게 뛰어들고 어떤 사람은 욕지거리를 하고, 어떤 사람은 도적질을 할 것이다. 그러므로 그대가 미리 "나는 목욕을 하려고 한다. 나는 나의 당연한 결의를 실천에 옮기려고 한다"고 자기 자신에게 말한다면, 그대는 더욱 안정감을 갖고 목욕을 할 수 있을 것이다.

모든 일에 있어서, 이렇게 할 일이다. 그러면 목욕을 하는 동안에 어떤 장애가 일어나면 곧 다음과 같이 생각하게 될 것이다. "나는 단지 목욕하는 것만을 원하지 않았다. 나는 나의 자유로운 의지와 품성을 보전하려고 하였다. 만일 내가 여기서 일어나는 일에 대하여 분노를 느낀다면 나는 그것을 보전할 수 없을 것이다" 하고.

3. 평범한 사람과 철학자 사이의 가장 큰 차이는 전자가 "나는 자식과 형제와 부모 때문에 시달림을 받고 있다"고 말하는 데 대하여, 후자는 그러한 경우에, "자기는 시달림을 당하고 있다"고 말은 하지만, 스스로 반성하고 곧 다음과 같이 덧붙이는 것이다. "그것은 나 자신을 위해서이다"라고. 왜냐하면 의지가 원치 않는 것은 하나도 의지를 훼방하거나 해칠 수 없지만, 의지 자체는 자기를 해칠 수 있기 때문이다. 그러므로 실제로 우리가 괴로움을 당할 때에는 자기 자신을 탓하고, 자기의 의견 이외에는 아무것도 번민이나 불안을 줄 수 없음을 상기하면—나는 신들에게 맹세하고 말하고자 한다—우리는 도에 있어서 한결 앞으로 나아갈 것이다.

그러나 사실상 우리는 처음부터 다른 길을 더듬어 왔었다. 우리가 아직 어린아이에 지나지 않을 때, 입을 벌리고 멍하니 앞을 바라보다가 우연히 돌에 걸려 넘어지면 어머니는 우리를 책망하지 않고 돌을 때렸던 것이다. 그러나 돌이 어쨌다는 것인가? 아이가 어리석으므로 돌은 길을 피해줘야 했다는 말인가? 그리고 우리가 목욕탕에서 집에 돌아왔을 때 먹을 것이 하나도 없게 되면, 가정교사는 우리의 욕구를 억제하려고 하지 않고, 요리사를 곧잘 구타하였던 것이다—그러나 우리는 그대를 요리사의 가정교사로 삼은 것이 아니라 자식의 교육을 위해서이다. 그대는 자식을 잘 가르쳐야 하는 것이다—이리하여 우리는 충분히 성장한 후에도 여전히 아이들처럼 보이는 것이다. 음악을 배우지 않은 사람은 음악에 있어서 어린아이이며, 글을 배우지 않은 사람은 글에 있어서 어린아이이고, 철학을 연구하지 않은 사람은 인생에 있어서 어린아이이다.

4. 사람을 불안하게 하는 것은 사물 자체가 아니라, 사물에 대한 사람들의 의견이다. 그러므로 죽음은 조금도 무서운 것이 아니다. 사리가 이렇지 않을진대, 죽음은 소크라테스에게도 무섭게 생각되었을 것이다. 오히려 죽음에 대한 선입관념—즉 죽음은 무섭고 두려운 것이라는 선입관념이 무서운 것이다. 그러므로 우리는 무엇에 의해 훼방을 받고, 불안을 느끼고, 혹은 비애에 잠기게 될 때, 결코 그 대상을 탓할 것이 아니라 오히려 자기 자신을, 다시 말하면 거기에 대한 우리의 의견을 탓해야 한다. 자기 불행 때문에 남을 탓하는 것은 철학적인 교양이 없는 사람이 하는 일이며, 자기 자신을 탓하는 것은 이 도의 어린 학자들의 태도이고, 남도 자기도

탓하지 않는 것이, 교양이 있는 그리고 완전한 교육을 받은 사람의 태도이다.

5. 그대 자신의 것이 아닌 장점을 자랑하여서는 안 된다. 만일 말이 "나는 잘생겼다" 하고 자랑한다면, 그것은 또 참을 수가 있을 것이다. 그러나 그대가 "나는 훌륭한 말을 갖고 있다" 하고 자랑한다면, 그대들은 말의 장점을 자랑하고 있는 것이다. 이 경우에 무엇이 그대의 소유인가? 사고방식이 그대의 소유이다. 그러므로 그대가 이 사고에서 정당하다면 자랑하여도 무방하다. 왜냐하면, 이 경우에 그대는 참으로 그대에게 속하는 성질을 자랑하고 있기 때문이다.

4. 완성의 세 단계

1. 현명하고 선량한 사람이 되기 위해 자기를 단련해야 하는 철학의 세 단계가 있다.

첫째로, 욕구와 기피에 관한 것으로—우리가 손에 넣으려고 원하는 것을 하나도 놓치지 않고, 또한 우리가 피하려는 것은 하나도 소유하게 하여서는 안 된다.

둘째로, 우리가 어떤 일을 해야 할 것인가의 여부의 결정에 대한 것과, 일반적으로 인간이 행하여야 할 의무에 관한 것으로, 우리는 질서 정연하게 그리고 합리적인 이유에 쫓아서 신중히 행동해야 한다.

셋째로, 기만당하는 것과 조급한 이해에 관한 것과, 또한 관념의 승인에 관한 것이다.

이 중에서 가장 중요한 것은 격정에 관한 것이다. 왜냐하면, 격정은 우리가 무엇을 욕구하거나 기피하려고 하다가 이에 실패하였을 경우 이외에는 일어나지 않기 때문이다. 그리하여 이것이 갈등이나 분쟁이나, 불행이나 불운 등을 조래하여 비애와 한탄과 선망의 원인이 되며, 사람을 질투하고 시기하게 하는 것이다. 이러한 것 때문에 우리는 이성의 가르침에 귀를 기울이지 못하게 된다.

둘째는, 인간으로서 당연히 해야 할 일에 관계된다. 나는 조각상처럼 아무것도 느끼지 않을 수는 없다. 나는 종교적인 존재로서, 자식으로서, 형제로서, 아버지로서, 시민으로서, 선천적이며 후천적인 모든 관련을 갖지 않을 수 없다.

셋째는, 사람들이 철학에 정통하고 있으면, 직접 그들에게 관계있는 것으로 앞에서 말한 두 사항의 보장을 위해 마련된 것이다. 이것으로 말미암아 우리는 꿈속에서도, 그리고 취중에서도, 불쾌할 경우에도 가까이 다가오는 표상은, 이를 검토하지 않고는 통과시키지 않게 되는 것이다. 어떤 사람은, 그것이 우리의 힘이 미치지 못하는 일이라고 말할지 모른다. 그러나 오늘의 철학자들은 철학의 제1, 제2의 부분을 간과하고 제3에 종사하여, 공허한 이론을 일삼거나 질의를 하거나 가정을 만들거나 그릇된 주장을 내세우고 있는 것이다. 이들은 문제를 올바로 처리하여 오류에 빠지지 않도록 자기 자신을 경계해야 하므로 이론을 일삼게 된다고 말한다. 그런데 누가 그렇게 해야 하는가? 그것은 현명하고 선량한 사람이다.

2. 그렇다면 이 확고한 것[5]만이 그대에게 결핍되어 있고, 그 밖의 것은 이미 완성하였는가? 그대는 금전에 의하여 기만을 당하지 않는가? 그리고 아름다운 소녀를 보면 그대는 그 표상에 대항할 수 있는가? 또 그대의 이웃 사람이 많은 유산을 상속하여도 그대는 부러워하지 않을 수 있는가? 요컨대 그대에게는 그대가 갖고 있는 것을 확고히 지니는 것 이외에 결핍되어 있는 것은 없는가? 비천한 자여! 그대는 지금 누가 자기를 멸시하지 않을까 하고 두려워하거나, 또는 남이 자기를 어떻게 비판할 것인가를 유의하면서 이에 귀를 기울이고 있는 것이다. 그리고 만일 누가 와서 "가장 훌륭한 철학자는 누구일까 하는 이야기가 나왔을 때, 어떤 사람이 그대보고 가장 위대한 철학자라고 말하였다"고 그대에게 일러 주면, 그대의 작은 영혼은 손가락 폭만큼 하던 것이, 2큐

---

5) 오류에 빠지지 않는 것—역주

빗[6]의 길이로 성장할 것이다. 그리고 그 사람이 이어서 "아니야, 그의 말에는 귀를 기울일 가치가 없네. 그는 아무것도 모르는 사람이야, 그는 철학의 초년생에 지나지 않네" 하고 말한다면, 그대는 아연실색하고 이렇게 외칠 것이다. "나는 내가 어떤 사람인가를—위대한 철학자임을 그대에게 보여 주어야겠네."

이러한 말 자체에 의해 그대가 어떤 사람인가를 알 수 있는 것이다. 그대는 어찌하여 다른 일에 의해 그대를 남에게 보여 주려고 하는가?

5. 대담과 세심

1. 어떤 사람은 아마도 이 철학의 주제는 모순되어 있다고 생각할지 모른다. 그러나 모든 사물에 세심한 동시에 대담하게 처리할 수 있는 것이 사실인가의 여부를 되도록 잘 탐구해 보지 않으려는가. 왜냐하면, 세심은 어느 의미에서는 대담의 반대처럼 보이며, 이와 같이 서로 상반되어 보이는 것은 공존할 수 없기 때문이다. 그러나 많은 사람들에게 이것이 모순되어 있는 것처럼 보이는 것은, 다음과 같은 이유일

---

6) 고대 이집트의 척도로, 1큐빗은 약 46cm 정도의 길이—역주

것이다. 즉 우리가 세심과 대담이 동일한 사물에 작용할 수 있음을 주장하며, 사람들은 우리를, 조화될 수 없는 것을 조화된다고 생각하므로 당연히 비난해야 한다는 것이다.

그런데 이 장의 제목이 무엇이 그렇게 이상한가? 이미 누차 주장해 오고 또 설명된 일이지만, 선의 본질은 사고방식 속에 있으며, 악의 본질도 마찬가지이고 또 의지로 지배할 수 없는 것은 선의 성질도 악의 성질도 갖고 있지 않다는 것이다. 그렇다면 의지로 지배할 수 없는 사물에 대하여 그대가 할 일은 모름지기 대담해야 하는 것이며, 의지에 속한 사물에 대하여 그대가 해야 할 일은 세심한 것이라고 철학자들이 말할 때, 그 주장을 과연 모순되어 있다고 할 수 있겠는가? 악이 나쁜 의지에 존재한다면, 이에 대해서만 세심한 주의를 기울이는 것은 정당하다. 그리고 의지로 지배할 수 없고, 따라서 우리의 힘이 미치지 못하는 사물은, 우리에게 아무것도 아니라면, 이러한 사물에 대하여는, 우리가 대담한 태도를 취해야 할 것이다. 이리하여 우리는 세심한 동시에 대담할 수 있으며 뿐만 아니라 세심함으로써 대담할 수 있을 것이다. 왜냐하면, 악에 세심함으로써 악이 아닌 것에 대담할 수 있기 때문이다.

2. 그러나 우리는 이와 반대로, 사슴처럼 희생이 되는 경우가 있다. 사슴이 위협을 받고 그 도구[7])에서 도망칠 때 어

디로 가는가? 어떤 피난처로 도망치려고 하는가? 오히려 그물을 향해 도망치는 것이다.

즉 그들은 그들이 두려워할 것과 대담해야 할 것을 혼동함으로써 이렇게 자기를 멸망으로 이끄는 것이다. 우리도 이와 같이 어리석은 짓을 한다. 어떠한 경우에 두려움을 느끼는가? 우리의 의지가 지배할 수 있는 범위에 속하지 않는 사물에 대해서가 아닌가? 또 어떠한 경우에 두려운 일이 전혀 없는 것처럼 대담하게 행동하는가? 우리의 의지에 지배되는 사물에 대해서가 아닌가? 그리하여 기만당하여도, 경솔한 짓을 하여도, 염치없는 행위를 하여도, 비천한 욕심으로 어떤 사물을 추구하여도—이러한 일이 의지의 범위 밖에 있는 사물에 겨냥이 들어맞기만 하면, 우리는 조금도 이를 개의치 않는다. 그러나 죽음이나 추방이나 고통이나 악평이 있는 곳에서는 우리는 언제나 도망친다. 그리하여 거기서 위협을 당한다. 따라서 가장 중대한 사건에 있어서, 미혹되는 사람에게 예기되는 바와 같이, 우리는 자기의 자연적인 대담성을, 허세와 방종과 경솔과 파렴치로 변하게 하여 우리가 스스로 갖고 있는 세심과 수치를 공포와 고민에 충만한 비겁과 비루로 변하게 하는 것이다.

---

7) 사슴을 쫓을 때 사용하는 도구로서, 예컨대 막대기에 날개깃 같은 것을 달아 흔들어대면 사슴은 놀라서 그물을 향해 줄달음치는 것이다.

만일 누가 그 세심을 의지의 영역에 옮긴다면, 악을 저지르는 것을 두려워하는 동시에, 곧 이를 피하는 힘도 갖게 될 것이다. 그러나 만일 그가 그 세심을 우리의 힘에 닿지 않거나 또 우리의 의지를 초월해 있는 곳에 사용하면, 그는 타인의 힘에 속하는 것을 피하려고 애쓰는 것으로, 이로 말미암아 자연히 위협을 받고 불안에 빠지며 번민을 하게 될 것이다. 왜냐하면, 죽음이나 고통은 두려운 것이 아니라, 죽음이나 고통에 대한 공포가 두렵기 때문이다. 그러므로 우리는,

"죽는 것을 두려워 말고, 비겁하게 죽는 것을 두려워하라" 고 말한 사람[8]을 찬양하는 것이다.

3. 우리가 죽음에 대하여 대담하고, 죽음의 공포에 대하여는 세심한 것은 당연한 일이다. 그러나 우리는 사실 이와 반대이다. 즉 우리는 죽음이 두려워 도망치지만, 죽음에 대한 우리의 견해에 대하여는 방심하고, 주의를 기울이지 않고 관심이 없다. 소크라테스는 이를 가리켜 "귀신의 얼굴"이라고 말하였는데 실로 명언이다. 어린아이들은 경험이 없기 때문에 이 가면은 무섭게 보인다. 인생 문제에 대한 우리의 태도도 거의 이와 마찬가지이며, 아이들이 귀신의 얼굴을 무서워하는 것과 비슷한 이유에서 행동하는 것이 아니다.

---

8) 극작가 에우리피데스―역주

그런데 어린이의 특징은 무엇인가? 그것은 무지이다. 다시 묻거니와 어린이란 무엇인가? 아직 배우지 않은 자라는 뜻이다. 만일 아이들이 이에 대하여 배워서 알고 있다면, 결코 우리만 못하지 않을 것이다. 죽음이란 무엇인가? 어떤 "귀신의 얼굴"이다. 그것을 뒤집어서 잘 살펴보라. 그것은 조금도 우리를 물어뜯지 않는다.

육체는 조만간 정신과 이별해야 한다. 그것이 종전에 떨어져 있은 것처럼. 지금 그러한 일이 일어난다고 해서 그대는 분격하는가? 그런 일이 지금 일어나지 않더라도, 나중에 일어나는 것이다. 무엇 때문에 이런 일이 생기는가? 세계의 주기가 완성되기 위해서이다. 세계는 현재와 미래, 그리고 과거를 필요로 하고 있다. 고통이란 무엇인가? 그것은 "귀신의 얼굴"이다. 그것을 뒤집어서 살펴보라! 가엾은 이 육체는 처음에는 크게 몸서리치지만, 이윽고 서서히 가라앉는다. 만일 그대가 육신에 의지하지 않으면, 문(자살)은 열려 있다. 만일 그대가 육신을 의지하면 이를 지양하라. 모든 일에 문이 열려 있어야 하는 것이다. 그리하여 우리는 어떠한 고통도 갖지 않게 되는 것이다.

4. 죽으면 나는 벌써 존재하지 않는가? 아니다. 존재할 것이다. 그러나 우주가 지금 필요로 하는 다른 어떤 무엇으로써 존재할 것이다. 왜냐하면, 그대가 이 세상에 태어날 때,

스스로 그때를 택한 것이 아니라, 우주가 그대를 필요로 하였을 때 태어났기 때문이다.

5. 그런데 이러한 견해가 가져오는 결과는 무엇인가? 그것은 참된 진리를 배운 사람들에게 가장 아름답고 알맞은 것 즉 평화와 용기와 자유이다. 이러한 것들에 대하여, 우리는 저 자유인만이 가르침을 받아야 한다고 주장하는 사람들의 말을 믿어서는 안 된다. 오히려 가르침을 받은 사람들만이 자유를 얻을 수 있다고 주장하는 철학자들의 말을 믿어야 한다—왜?

"자유란 우리가 택하는 그대로의 생활을 하는 능력이 아니겠는가?"

"바로 그 능력이다."

"그러면 그대는 죄악 가운데서 살아가기를 바라는가?"

"아니다. 나는 그것을 바라지 않는다."

그러므로 두려워하거나 슬퍼하거나 걱정하는 사람은 자유인이 아니다. 그러나 슬픔과 두려움과 걱정에서 벗어나는 사람은 누구나 이것으로 말미암아 노예에서 해방되는 것이다. 그렇다면 그대들 가장 훌륭한 입법자들이여! 그대들이 "우리는 자유인 이외에는 가르침을 받기를 허용하지 않는다"고 말할 때, 우리가 그대들의 말을 믿을 수 있겠는가? 철학자들은 말한다. "우리는, 참된 가르침을 받은 자 이외에는 아무도 자유인이라고 인정하지 않는다"고. 다시 말하면 신이 이것을 허용하지 않는 것이다.

"누가 자기 노예를 촌장 앞에서 선회[9]시키면 그는 어떻게 되는가?"

"그는 좋은 일을 한 것이다."

"어떤 일을 하였는가?"

"그는 그 노예를 촌장 앞에서 선회시킨 것이다."

"그것뿐인가?"

"아니다. 그는 20분의 1세를, 노예를 위해 지불해야 한다."

"그러면 어떻게 되는가? 이러한 노예는 자유를 얻지 않았는가?"

"그가 이로 말미암아 마음의 안정을 얻은 것처럼 자유롭게 된 것은 아니다—왜냐하면, 타인을 석방할 수 있는 힘을 가진 그대는, 그대 자신을 지배하는 주인을 갖고 있기 때문이다. 금전이나 욕정이나, 폭군이나 그리고 폭군의 친구들이 그대의 주인이 아닌가? 어찌하여 그대는 이러한 일로 하여 고통을 당할 때 몸서리를 치는가? 무슨 일에 있어서나 대담하라. 그리고 어떤 일에 대하여 세심할 것인가를 그대들은

---

9) '우향우'와 같은 동작—역주.
당시에 촌장 앞에서 빙빙 도는 것은 노예를 해방시키는 한 의식이었다.

학문으로 배우고 언제나 그것을 명심하라. 즉 의지를 초월한 사물에 대하여는 대담하고, 의지에 예속된 사물에 대하여는 세심해야 한다."

6. 현자의 두려움과 바보의 두려움

1. 어떤 사물이 우리의 정신에 접근할 때에는, 표상은 그 사물의 최초의 모습으로 우리의 마음에 나타나지만, 표상은 의지에 속하는 것이 아니다. 그러므로 우리가 그것을 지배할 수 없다. 우리가 이해해야 하는 외계의 사물은, 그 사물 자체의 어떤 힘에 의해 우리 마음속에 스며드는 것이다. 그러나 우리가 '동의'라고 부르는 것—즉 그것들에 대한 인정—이 긍정에 의해 표상이 이해되고 판단되지만, 그것은 임의적인 것으로, 인간의 선택에 의해 이루어지는 것이 아니다. 그러므로 하늘에서 어떤 소리가 들려오거나, 물건이 떨어지는 소리가 나거나, 위험을 알리는 신호나 그 밖에 이러한 어떤 일이 생겼을 때에는, 철학자의 마음도 어느 정도 동요되어, 전율을 느끼고 얼굴빛이 달라지는 것은 부득이한 일이다. 이것은 그가 저지른 악에 대한 어떤 견해에 의해서가 아니라, 정신과 이성의 작용을 초월하는 어떤 알 수 없는 급속한 운동에 의해서 일어나는 것이다.

그러나 이 철학자는 이윽고, 그 표상은 그의 두려움의 참된 대상이 아님을 알게 된다. 즉 그는 이러한 것에 동의하거나 인정하지 않고, 거절하여 집어 동댕이치는 것이다. 이러한 것에는 그가 두려워할 아무것도 없는 것으로 생각되기 때문이다. 그러나 철학자들은 현자와 바보의 차이는 다음과 같은 점에 있다고 말한다—즉 바보는 표상이 처음에 마음속에 나타났을 때 그것이 사납고 지독한 것이면 액면 그대로 간주하고, 언제까지나 이것을 무섭게 생각하여, 스스로 이를 동의함으로써 이 표상을 인정하고, 시인하는 것이다. 그러나 철학자는 잠시 얼굴빛이 달라지더라도 이에 말려들지 않고, 이 표상에 대하여 전에 갖고 있던 의견을 올바르게 그리고 용감하게 시정하여, 그것은 결코 무서워할 것이 아니라 다만 허위의 외관으로 공허한 위협을 함으로써 사람을 놀라게 하는 데 불과하다고 생각하게 된다.

2. 수면과 같은 것이 정신이고, 수면에 떨어지는 광선과 같은 것이 표상이다. 수면이 움직이면 광선도 움직이는 것처럼 보이지만, 실은 움직이는 것이 아니다. 사람의 마음이 암담해지거나, 현기증이 일어날 때에 어지러워지는 것은, 가르침이나 덕의 소치가 아니라 이런 인상을 받는 정신의 소치이다. 그리고 만일 정신이 회복되면 가르침이나 덕도 복구되는 것이다.

7. 표상의 진위

1. 표상은 우리에게 네 가지 모습으로 존재한다. 즉 ⓐ 사물이 있는 그대로 보이거나, ⓑ 사물이 존재하지 않으면서, 존재하는 것처럼 보이거나, ⓒ 사물이 존재하면서도, 없는 것처럼 보이거나, ⓓ 사물이 존재하지도 않고, 있다고 보이지도 않거나 한다. 그러므로 이 여러 경우에 사물을 정확히 파악하는 것이 철학을 공부하는 자의 할 일이다.

2. 그러나 우리를 괴롭히는 것은, 그것이 무엇이건 이에 대하여 치료법이 마련되어야 한다. 만일 우리를 괴롭히는 것이 회의학파나 아카데미 학파(플라톤 학파)의 궤변이라면, 이에 대하여 우리는 치료를 해야 하지 않겠는가? 선이 아닌 것이 선으로 보이는 것은 사물의 속임수에 의한 것이라면, 이에 대하여 우리는 치료를 요구해야 하지 않겠는가?

그리고 만일 습관이 우리를 괴롭힌다면, 이에 대하여도 우리는 어떤 요법을 발견하도록 노력해야 하지 않은가? 그런데 습관에 대하여 어떤 요법을 발견할 수 있을까? 그것은 이와 반대되는 습관이다.

그대는 무식한 사람이 "이 불쌍한 사람은 죽었다. 그 부모는 슬픔으로 가슴이 찢어지는 것 같을 것이다. 그는 아직 때가 아닌데, 그나마 타향에서 죽은 것이다" 하고 말하는 것을 들었을 것이다. 그때에는 반대의 말에 귀를 기울이도록 하라. 그리하여 이 말에 의해 행동하라! 어떤 습관에 반대할 때 이와 모순되는 습관을 이용하고, 궤변가의 말을 반박할 때에는 철학자의 금언과 그 활용과 또한 힘찬 그 행동을 이용하라. 그리고 사물의 기만에 대하여는, 이미 연마되어 자기 것으로 갖고 있는 명석한 본래의 개념을 적용하라.

3. 죽음이 악이라고 느껴질 때에는 언제나 다음과 같이 생각하라—악을 피하는 것은 옳은 일이지만, 죽음은 피할 수 없다고, 왜냐하면 죽음은 나로서 어찌할 수 없기 때문이다. 내가 죽음을 피해서 어디로 도망친단 말인가? 내가 저 씩씩한 목소리로 "나는 위대한 일을 하기 위해 떠나련다. 어떤 위대한 일을 할 수 있는 기회를 타인에게 주기 위해 떠나려고 한다. 비록 내 자신이 실패하더라도, 나는 다른 사람이 고귀한 행동을 하는 것을 질투하지 않을 것이다" 하고 선언하는 제우스의 아들 사르페돈이 아니더라도, 또 이러한 일은 우리의 능력 이상의 것이라고 하더라도, 우리는 적어도 앞에서 말한 경지에까지는 오를 수 있지 않는가?

나는 어디로 도망쳐서 죽음을 면할 수 있을까? 그 장소를 나에게 가르쳐 다오! 죽음이 절대로 범접하지 못하는 인간을 나에게 보여 다오! 죽음에 대항하는 부적을 나에게 가르쳐 다오! 나는 그러한 것을 하나도 갖고 있지 않다. 그러니 그대들은 나에게 무엇을 요구하느냐? 나는 죽음을 면할 수 없다—그렇다면 나는 죽음의 공포에서도 면할 수 없을까? 나는 비통한 마음으로 떨면서 죽어가야 할까? 여기에 고뇌의 원천이 있다. 우리가 무엇을 손에 넣으려고 하다가 뜻을 이루지 못하였을 때 거기 고뇌의 원천이 있는 것이다. 그러므로 만일 내가, 원하는 대로 외계의 사물을 손에 넣을 수 있으면 이를 소유하고, 손에 넣을 수 없으면 이를 훼방하는 사람에 대하여는 눈동자라도 빼내려고 한다. 생각건대 인간은, 선을 놓치거나 악에 떨어지는 일을 참을 수 없게끔, 자연에 의해 만들어져 있기 때문이다. 그리하여 내가 외계의 사물을 손에 넣지도 못하고 나를 훼방하는 자의 눈알을 도려내지도 못할 때에는, 나는 잠자코 앉아서, 내가 저주할 수 있는 모든 것을 닥치는 대로—제우스 신이건, 다른 신이건, 저주하는 것이다—그들이 나를 등한히 하는 이상, 나와 그들 사이에 아무런 관계가 없다는 것이다. "그러나 그대는 경건치 못한 사람이 될 것이다"라고 하는가? 어찌 내가 지금보다 더 고약하게 되겠는가? 여기에 문제가 있다. 경건과 이득이 서로 일치하지 않는다면, 종교는 어떤 사람에게도 보전되지 못한다는 것을 잊지 말라. 이것은 진리임을 입증하고 있는 것이다.

4. 회의학파(피론 학파) 및 아카데미 학파로 하여금, 나에

게 공박하게 하라—나로서는 이러한 논의에 시간을 소비할 여유가 없고, 또 일반인의 공통된 견해를 옹호하여 변론할 기력도 없다.

내가 사소한 일로 언쟁을 일으키면, 나중에는 남까지 동원하여 변호를 시킬 것이다. 또 무엇으로 나는 만족할 수 있을까? 현재 소유하고 있는 사물에 의해 만족을 느낀다. 지각은 어떻게 해서 생기는가. 인간의 전부에 의해서인가, 혹은 어느 부분에 의해서인가? 나는 이런 문제에 대하여는 어떻게 설명해야 하는지 모른다. 이 두 가지 주장이 다 나는 납득이 가지 않는다. 그러나 나와 그대가 동일하지 않다는 것은 분명하다. 왜 그런가? 내가 음식을 먹으려고 할 때, 나는 그 음식을 절대로 다른 사람의 입으로 가져가지는 않는다. 반드시 내 입에 가져간다. 그리고 내가 한 조각의 빵을 손에 집으려고 할 때에는 빗자루나 그 밖의 것을 잡지 않고 똑바로 빵으로 향해 간다. 마치 어느 목표물을 향해 가듯이. 지각이 참임을 부인하는 그대들은, 나와는 동떨어진 일을 할까?

그대들 중에서 목욕탕에 가려고 하면서 제분소에 뛰어가는 자가 지금까지 있었는가? "우리는 자기의 능력에 대하여 일반의 동의를 주장하고, 이에 반대하는 사람들에 대하여는, 자기의 주장을 옹호하기에 분주해서는 안 되는가?" 누가 그것을 탓하겠는가? 이 일을 할 힘과 여가가 있는 자는 그렇게 하라. 그러나 전율하는 자, 번민하는 자, 가슴을 태우는 자는 그 시간을 다른 일에 보내도록 하라.

8. 신의 자손으로서의 우리는 어떻게 생각해야 하는가

1. 신과 인간의 친족 관계에 대하여, 철학자들이 말하는 것이 진실이라면, 인간은 소크라테스를 닮아야 하는 것이다. 그는 사람들이 자기의 출생국이 어디냐고 물었을 때, 아테네라거나, 코린토스라거나 말하지 않고, 우주라고 대답하였던 것이다. 그는 어찌하여 자기가 아테네 사람이라고 말하여, 자기의 가련한 육체가 태어난 한 모퉁이의 이름을 대지 않았던가? 자기가 스스로 아테네 사람이니 코린토스 사람이니 하고 말하지 않는 까닭은, 그 이름이 더욱 위엄 있는 곳에서 왔으며, 그것은 그대가 태어난 한 구석과 그대의 집 전체를 포함하고 있을 뿐만 아니라, 그대에게 혈통을 전한 조상의 종족이 태어난 땅 전체를 포함하고 있기 때문이라는 것은 분명하지 않는가? 그러므로 예지로 우주의 지배를 관찰하고 모든 사회 속에서 가장 강대하고 넓은 사회는, 신과 인간으로 되어 있으며, 비단 자기의 아버지나 할아버지뿐만 아니라, 이 지상에서 태어나는 모든 생물(그러나 특히 이성을 지닌 것을 가리킨다. 왜냐하면, 이것만이 이성에 의해 신과 연

결되고, 신과 교통할 수 있는 힘을 자연으로부터 가졌기 때문이다)에게, 신으로부터 그 종자가 뿌려졌다는 것을 아는 사람은 어찌 자기를 우주의 한 시민이요, 신의 아들이라고 말해서는 안 되는가?

그리고 인간들 사이에서 일어나는 일에 대하여, 어찌하여 두려워하겠는가? 황제나 로마의 유력한 인사와 친척 관계에 있는 것이, 안전하고 굴욕을 느끼는 일 없이 살아갈 수 있으며, 또 아무것도 무서워하지 않고 살아가기에 충분하다면, 우리를 만든 자, 우리의 아버지와 보호자로서 신을 갖는 것은, 비애나 공포에서 우리를 구제하는 데 유용하지 않을까?

어떤 사람은 말한다. "그러나 나에게는 돈이 없다. 어디서 나는 먹을 빵을 얻을 수 있겠는가?" 하고.

2. 그대는 도망친 노예보다도 더욱 비겁하고 무기력함을 부끄럽게 생각하지 않는가? 그들 노예는 도망칠 때, 어떤 꼴을 하고 주인의 곁을 떠나는 것일까? 그들은 무엇을 신뢰하고 있는 것일까? 어떤 노예를 의지하고 있는가? 처음 며칠 동안, 사용할 것을 얼마간 훔친 뒤에, 그들은 산 넘어 물을 건너 여러 가지 궁리를 하면서 살아갈 것이다. 이처럼 도망친 노예가 굶어 죽은 일이 있는가? 그런데 그대는 생명을 연장시킬 필수품이 결핍될 것이 두려워 떨면서 잠도 제대로 못 잔다. 가련한 자여! 그대는 이처럼 우매한가? 그 필수품

의 결핍으로 말미암아 이끌려 가게 되는 길이 그대에게는 보이지 않는가? 그것은 대체 어디로 끌고 가는가? 열병이나 추락하는 돌덩이가 이끌고 가는 곳으로—즉 죽음으로 끌고 가는 것이다.

그대는 가끔 이에 대하여 친구에게 말한 적이 있지 않은가. 그리고 때때로 이런 내용의 글을 소리 높이 읽고, 또 쓰지 않았던가? 그리고 그대는 얼마나 때때로 죽음에 대하여 태연스럽게 큰소리를 쳤는가?—"그렇다, 나의 사랑하는 가족이 굶주려 괴로움을 당하게 될 것이다" 하고 그대는 말하는가? 굶주리면 어떻게 되는가? 그들의 굶주림은 그대의 굶주림과는 다른 데로 인도해 가는가? 즉 그들은 그대가 가는 저승에는 가지 않는가? 그들의 저승과 그대의 저승은 다른가? (아니다, 물론 같다) 그렇다면 그대는 인간 중에서 가장 부자요, 가장 유력한 지배자인 제왕이나 폭군들까지도 가야 하는 저승을 바라보고, 가난과 괴로움 속에서 태연하기를 원치 않는가? 물론 그대는 굶주리고, 그들은 소화 불량과 취기로 하여 시달릴 터이지만.

그대는 좀처럼 늙지 않는 거지를 본 적이 있는가? 그들은 밤낮 추위에 떨면서, 땅 위에 드러누워 목숨을 이어 나가기 위해 입에 풀칠을 하면서도, 좀처럼 죽지 않을 것 같지 않는가? 그대는 글을 베낄 수 없는가? 그대는 아이들을 가르칠 수 없는가? 혹은 어떤 사람의 문지기가 될 수 없는가?

“그러나 그런 가난에 빠지는 것은 부끄러운 일이다” 하고 그대는 말하는가? 그러면 무엇보다도 먼저, 무엇이 부끄러운 것인가를 배우라. 그러고 나서 나는 철학자라고 우리에게 외쳐라! 그러나 지금은 남들이 그대를 그렇게 부르더라도, 이를 묵인해서는 안 된다.

3. 그대 자신의 행위에 의해서가 아니고 그대가 원인이 아니며, 그대의 의지에 의해서가 아니고, 그대에게 일어나는 일—예컨대 두통이나 열병과 같은 것이 그대에게 수치스러운 일인가? 그대의 양친이 가난하거나, 남을 그 상속자로 하거나 생존해 있으면서도 그대에게 아무것도 주지 않는다면, 그대에게 수치스러운 일인가? 이에 대하여는 그대가 이미 철학자들로부터 배우지 않았던가? 수치스러운 일은 비난해야 할 일이며, 비난해야 할 일은 비난을 받는 것이 당연함을 그대는 아직 듣지 못하였는가? 그 자신이 한 일이 아닌 어떤 일에 대하여—그 자신은 손을 대지 않은 일에 대하여 그대는 누구를 탓하려고 하는가? 그대는 (그대의 힘으로) 그대의 아버지를 오늘의 그런 사람으로 만들었는가? 또는 그대는 그대의 아버지를 다른 사람으로 만들 수 있는가?—그런 일을 할 만한 능력이 그대에게 주어져 있는가? (그런 일은 있을 수 없다) 그러면 어떻게 되는가? 그대는 그대에게 부여되

어 있지 않는 것을 원해야 할까? 그리고 그것을 얻지 못하면 부끄러워해야 할까? 그리고 그대는 철학을 공부하여 남에게만 의지하고, 자기 자신에게는 아무것도 바라지 않는 습관을 붙였는가? 그러면 그대는 비탄에 잠기고 신음하며, 내일 먹을 것이 없음을 걱정하면서 빵을 먹도록 하라. 그대의 노예가 도적질을 하지 않을까, 도망치지 않을까, 혹은 죽지 않을까 하고 걱정하면서 겁을 먹고 있으라. 이렇게 언제나 살아가라.

그대는 단지 명목상으로만 철학에 가까이하고 있으며, 철학의 가르침을 생활에 활용하고 있는 사람들을 향해, 철학이 무가치하고 무익함을 나타내어, 그대의 힘이 미치는 데까지 그 가르침을 욕되게 하고 있는 것이다. 그대는 결코 마음이 확고하고 평화롭고 고요하기를 구하고 애쓰지 않았다. 이를 위해 가르침을 받은 적이 없고, 다만 삼단논법을 배우기 위해 많은 선생을 찾아갔을 뿐이다.

그대는 스스로 이러한 표상의 하나로, "나는 이것을 감당할 수 있는가, 없는가? 내가 할 일로서 남아 있는 것은 무엇인가?" 하고 생각하고, 이를 검토해 본 일이 없었던 것이다. 그러나 그대는 자기 자신에 관하여는 만사가 훌륭히, 그리고 안전하게 진행되는 것처럼, 철학의 최후의 부분에 멈춰 있다. 즉 모든 변화를 초월하여 그대를 확보하고 있는 것 속에 멈춰 있다—그리고 그대는 대체 무엇에 의해 확보되기를 원하는가? 비겁, 비루, 부의 찬미, 부질없는 욕구, 피할 수 없는 기피 등에 의해서인가? 그렇다. 그대는 분명히 이러한 것들이 손상되지 않고 보존되는 방도를 강구하고 있는 것이다.

4. 그대는 우선 이성에서 무엇을 얻고, 이 얻은 것을 확고히 지녀야 하지 않겠는가? 그대는 이것을 안치할 성벽을 쌓지 않고, 판자 지붕을 세우는 사람만을 본 일이 있는가? 그리고 문이 없는데 문지기를 세워 둘 수 있는가? 그런데 그대의 연구 과제는 어떻게 하여 명제를 증명하느냐 하는 것이다—어떤 명제인가? 어떻게 하면 그릇된 추리의 물결에 그대가 휩쓸려 들어가지 않을 수 있느냐 하는 것이다. 그렇다면 어떤 물결이 그대를 휩쓸어갈까? 우선 그대는 무엇을 간직해 나가고 있으며, 무엇을 계량하고 있는가를 나에게 보여 달라. 그리고 척도나 측량 도구를 나에게 보여 달라. 그대는 언제까지 먼지 더미를 측량하고 있을 작정인가?

인간을 행복하게 하는 것과 우리가 원하는 대로 사무를 진행시키는 것은 무엇이며, 남을 비난하거나 책망하지 않고 신의 명령에 순응하려면 어떻게 해야 할 것인가를 입증하는 것이, 그대의 할 일이 아닌가? 그렇다. 이러한 것을 나에게 입증해 달라! 그대는 이 요구에 대하여 "그렇게 하련다. 나는 그대에게 삼단논법을 가르쳐 주겠다"고 말하는가. 비천한 자여! 그것은 측량 도구이지 측량되는 것은 아니다. 따라서 그대는 자기가 등한히 한 철학에 대하여 지금 벌금을 물고 있는 것이다. 그대는 떨고 있다. 그대는 밤마다 잠을 잘 수 없다. 모든 사람들과 의논을 한다. 그 권고가 만인의 마음에 들리가 없으므로, 이 권고는 잘못되었다고 그대는 생각한다.

5. 그대는 굶주림을 두려워한다고 생각하지만, 그대가 두려워하고 있는 것은, 실은 굶주림이 아니다—예컨대 그대는 요리사가 없는 것, 그들을 위해 식료품을 사들이는 자가 없는 것을 두려워하고 있다. 그대의 구두를 벗기고 신기는 자, 그대의 육신을 안마하는 자가 없는 것을 두려워하고 있다. 또한 그대가 목욕탕에 가서 나체가 되어 사지를 쭉 폈을 때, 육신을 안마해 주는 자가 없는 것을 두려워하고 있다. 또한 안마사가 곁에 서서, "이리로 돌아서시오! 한쪽 배를 나에게 내미시오! 머리를 드시오! 어깨를 치키시오!" 하고 말하며, 이윽고 그대가 목욕탕을 나와 집에 돌아오면 "먹을 걸 좀 가져와!" 하고 호령을 하며, 이어서 "접시를 가져가다가 훔쳐라!" 하고 일러야 할 터이지만, 그것을 할 수 없음을 그대는 걱정하고 있는 것이다. 그대는 병자와 같은 생활을 할 수 없게 된 것을 두려워하고 있다. 그러나 건강한 자가 어떻게 살아가고 있는가를 배워야 한다—노예나 노동자나 참된 철학자들이 어떻게 생활하는가를 배워야 한다. 처자까지 둔 소크

라테스는 어떻게 생활하였는가? 디오게네스는 어떻게 생활하였는가? 그리고 밤에는 자기 밭에 몸소 물을 주고 낮에는 학교에서 공부를 한 클리안테스는 어떤 생활을 하였는가? 만일 그대가 그들처럼 생활하려고 하면 어디서나 할 수 있다. 대담하게 생활할 수 있다. 무엇에 대담한가? 대담할 수 있는 일에 대해서만 대담하다. 즉 견실한 것, 훼방을 받지 않는 것, 빼앗기지 않는 것에 대해서이다. 그런데 어찌하여 아무도 그대를 자기 집에 초대하거나 혹은 그대를 돌보는 것을 꺼리는가. 어찌하여 그토록 그대 자신을 무가치한 존재로 만들었는가? 만일 길가에 흠이 없는 쓸 만한 가구가 던져져 있다면, 사람들은 저마다 이를 주워서 횡재로 삼을 것이다. 그런데 아무도 그대를 주워 가려고 하지 않는다. 그것은 그들에게 손해가 되기 때문이다. 그러므로 그대는 개나 닭의 값어치도 없지 않는가? 그런 인간밖에 되지 않는 그대가 여전히 살려고 애쓰는 것은 어찌 된 일인가?

6. 먹을 것을 얻을 방도가 없는 것을 선인이 두려워할까? 장님도 절름발이도 먹을 것을 얻을 방도는 있다. 그런데 그것이 선인에게 없단 말인가? 선량한 병사나 노동자나 제화공에게는 보수를 제공하는 자가 있다. 그런데 선량한 사람에게 이런 사람이 없단 말인가? 신이 모든 사람을 통치하고 인간의 일을 결코 소홀히 하지 않으며, 선인에 대하여는 그 생

전에 있어서나 사후에 있어서도 아무런 재해가 없음을 무식한 자들에게 보여 주기 위해 도구나 하인이나 증인이 될 수 있는 자를 신이 등한시할까?

"그런데 신이 그들에게 먹을 것을 주지 않는 것은 무슨 이유인가?" 그것은 명장이 몰래 후퇴 명령을 할 때와 같은 것이다. 나는 나의 통솔자를 찬미하고, 그 사업을 찬양하면서 이에 순종한다. 왜냐하면, 나는 그가 원할 때 태어났으며, 그가 원할 때 이 세상을 떠나려고 하기 때문이다.

또한 내가 이 세상에서 살아 있는 동안은, 혼자 있을 때나 한 사람 혹은 여러 사람 앞에서 신을 찬송하는 것이 나의 일과이다. 신은 나에게 많은 것을 주지 않는다. 또 좋은 것도 주지 않는다. 아니 좋은 것을 많이 주지 않는다.

신은 내가 호화스럽게 살기를 원치 않는다. 신(제우스)은 그 아들인 헤라클레스에게도 많은 것을 주지 않았다. 헤라클레스가 복종하고 일을 하고 훈련을 받는 동안에, 다른 사람이 아르고스나 미케네를 다스리고 있었던 것이다. 이 통치자, 즉 에우리스테우스는 아르고스나 미케네의 임금은 아니었다. 아니 자기 자신의 임금조차 못 되었다. 그러나 헤라클레스는 모든 토지와 바다의 주인이요, 지배자였다. 왜냐하면, 그는 이러한 것을 불법이나 악행에서 구제하여 의롭고 성스럽게 하였기 때문이다. 그는 이것을 맨주먹으로 혼자서

하였던 것이다. 그리고 오디세우스가 난파를 당하여 거리에 동댕이쳐졌을 때 그 궁핍이 그를 좌절시켰던가, 그리고 그의 의기를 꺾었던가? 아니다. 그러나 타인의 신세를 진다는 것은 커다란 수치라고 생각되는 생활의 필수품을 구하기 위해, 그는 어찌하여 처녀들에게 갔던가?

"오디세우스는 산에서 나온 사자와 같이, 자기의 용기를 믿고 간다."(오디세이아 6, 130)

그는 명성도 재산도 아니고 실로 자기의 용기를 믿었던 것이다—즉 우리의 능력 안에 있는 것과 있지 않는 것에 대한 자기 자신의 견해를 신뢰하였던 것이다.

왜냐하면, 이에 대한 견해야말로 인간을 자유롭게 하여, 짓눌린 자의 얼굴을 들게 하며, 부자나 폭군의 얼굴을 수그리게 하는 것이기 때문이다. 그리고 이것은 철학자의 선물이다. 그런데 그대는 대담하게 나아가려고 하지 않고, 아름다운 옷이나 은접시 같은 것에 구애되어 머뭇거리며 나아가는 것이다. 가련한 인간이여! 그대는 사실 이렇게 하여, 그대의 모든 시간을 낭비해 왔던 것이 아닌가?

9. 열린 문

1. 나로서는 이렇게 생각한다. 이 늙은 것(에픽테토스)이

여기 앉아 있는 것은, 그대들이 비천한 생각을 품지 않고, 또 그대들 자신에 대하여 비천한 일이나 우매한 일을 요구하지 않도록 하기 위해서가 아니라, 우리들 속에서 다음과 같은 청년이 나타나지 않도록 유의하기 위해서이다. 즉 그들이 자기들과 신의 친족 관계를 인정하였을 때, 또 육체와 그 소유물이 얼마나 우리를 얽매고 있으며, 얼마나 많은 생활필수품이 우리를 억압하는가를 인식하였을 때, 그들이 이러한 것들을 혐오하고, 감당키 어려운 무거운 짐으로서 내던지고, 그들의 친척(신)에게로 돌아가려는 소망을 갖는 청년이 나타나지 않도록 하기 위해서이다.

그리고 이것이야말로 그대들의 스승이—만일 진실로 그대들이 스승을 갖고 있다면—그대들에게 바랄 일이다. 그대들은 나(에픽테토스)에게 와서 이렇게 말해야 할 것이다.

"에픽테토스여, 우리는 벌써 이 육체에 얽매어, 거기에 음식을 주고 쉬게 하며, 그것을 씻고 또 그것을 위해 사람들에게 아첨을 하며 돌아다니는 것은 참을 수 없는 일이 아니겠는가. 이것은 우리에게 관계없고 또 가치 없는 일이 아닌가? 그리고 죽음은 재앙일 수 없지 않는가? 우리는 어느 점에서 신의 친척이며 신으로부터 오지 않았는가? 우리로 하여금, 우리가 온 곳으로 돌아가게 하라. 우리를 속박하고, 우리를 번거롭게 한 이 무거운 짐에서 벗어나게 하라. 이 지상에는 강도가 있고 절도가 있고 법정이 있고 폭군이 있다. 그들은 육체와 그 소유물로 하여 우리를 지배하는 것처럼 보인다. 우리로 하여금 그들에게, 그들이 아무도 지배할 능력이 없음을 보여 주게 하라!"

이에 대하여 이렇게 대답하는 것이 나의 임무일 것이다. "친구여, 신을 기다려라! 신 자신이 역사하여 그대들을 이 임무에서 벗어나게 하면, 그때야말로 그에게 석방된 것이다. 그러나 지금은 그가 그대를 놓아둔 곳에 잠자코 있어라. 실제로, 그대들이 이곳에 체류하는 시간은 짧고, 또 이런 생각을 품는 사람에게는 참아 나아가기 쉬운 것이다. 육체와 그 소유물을 무가치한 것으로 생각한 사람에게는, 벌써 어떠한 폭군도 도적도 있을 수 없을 것이며, 또 어떠한 법정도 무섭지 않을 것이다"라고. 이러한 가르침은, 스승이 그 제자 중에서 성질이 선량한 자에 대하여 마땅히 베풀어야 하는 것이다. 그런데 지금은 어떠한가? 스승도 죽었고 그대들도 죽었다. 그대들은 오늘 포식하고, 내일은 어디서 음식을 얻을까 하고, 내일을 위해 걱정하고 울상이 되어 앉아 있다. 노예들이여! 그대가 얻을 수 있으면 얻도록 하라. 얻지 못하면 갈 데로 가라(죽어라).—문은 열려 있다.

2. 그런데 이러한 가르침에 언제까지 복종해야 하는가? 그것이 유익한 동안은—즉 네가 자기에게 적응하여 알맞은

일을 할 수 있는 동안은 이에 따르라. 그때 어떤 사람들이 성급하게 이와 같이 말한다. "나는 이 사람과 함께 저녁을 먹고, 그가 메디아에서 전쟁을 한 이야기—내가 언덕을 기어오른 다음에, 곧 포위를 당하였네—하고 떠드는 소리를 듣는 것은 질색이야" 하고. 또 한 사람이 말한다.

"나는 차라리 저녁을 먹고, 언제까지나 그가 떠드는 소리를 듣고 싶네" 하고. 그대는 이 양자에 있어서의 이득을 비교해 보라—다만 무슨 일이나 우울과 고뇌 속에서 행하여서는 안 된다. 또 재난을 당하였다고 생각하고 행하여서도 안 된다. 아무도 그대를 강제로 재앙에 떨어뜨릴 수는 없기 때문이다. 방 안에 연기가 차 있는가? 만일 그것이 대단치 않으면, 나는 잠자코 앉아 있을 것이다. 만일 너무 내면 밖으로 나갈 것이다. 우리가 언제나 염두에 두어야 하고 또 분명히 파악하고 있어야 하는 것은, 문이 열려 있다는 사실이다.

"너는 니코폴리스에 살아서는 안 된다"고 말하면, 나는 거기 살려고 하지 않을 것이다.

"아테네에도 살지 말라"고 말하면, 나는 역시 아테네에 살기를 원치 않을 것이다.

"로마에도" 하고 말하면 역시 로마에도 살고 싶지 않을 것이다.

"디아라[10]에 살라"고 말하면 나는 그 곳에 살련다. 그러나 디아라에 사는 것은 나에게는 자욱한 연기 속에 있는 것처럼 생각될 것이다. 그러면 나는 아무도 나에게 훼방하지 않는 곳에 가서 살련다—왜냐하면, 이 집(저승)은 언제나 모든 사람에게 문호가 개방되어 있기 때문이다.

3. 다만 이를 불합리하게 행하여서는 안 된다. 비겁하여서는 안 된다. 평범한 기회를 구실로 삼아서는 안 된다. 왜냐하면, 그것은 신의 뜻이 아니므로. 신은 지상에서, 만물의 질서와 이러한 종족을 필요로 하기 때문이다. 그러나 신이 소크라테스가 그런 것처럼 퇴각의 신호를 보내오면, 우리는 우리의 지휘자로서의 신에 순종하여야 한다.

10. 자기 자신을 알라

1. 만일 어떤 사람이 남보다 뛰어났거나 또는 뛰어나 있지 않건, 스스로 뛰어나 있다고 생각하면, 그가 교양이 없을 경우엔 반드시 자랑하게 마련이다. 그러므로 폭군은 말한다. "우리는 만물의 지배자이다"라고. 그런데 그대(폭군)는 나에게 무엇을 줄 수 있는가? 그대는 모든 장애를 극복하고 나의 욕구를 충족시켜 줄 수가 있는가? 어떻게 그것을 할 수 있는

---

10) 에디안해의 한 고도. 죄인이 유배된 섬—역주

가? 그대는 자기가 기피하는 것에는 절대로 가까이하지 말고, 그대가 구하는 것을 절대로 놓치지 않는 천부의 능력을 갖고 있는가? 그 능력을 갖고 있다면, 그대는 어디서 그것을 얻었는가? 배 속에서 그대는 자기에게 의지하는가? 선장에게 의지하는가? 그리고 수레에 앉았을 때, 마부 이외의 사람에게 의지하는가? 다른 행위는 어떻게 행하는가? 역시 이와 마찬가지이다.

그러면 그대의 능력은 어디에 있는가? "모든 사람이 나를 섬긴다"고 대답하는가? 그런데 나는 접시를 섬겨 훔치고, 기름 단지를 달아매기 위해 못을 박는다. 이러한 물품은 나보다 뛰어난 것일까? 아니다, 이런 물품은 나의 욕구의 일부를 충족시켜 줄 뿐이다. 그 때문에 나는 이것들을 소중히 간직하는 것이다. 그리고 당나귀에 대해서는 어떠한가? 나는 당나귀의 다리를 씻어 주기도 하고 쓰다듬어 주기도 한다.

그런데 우리는 각자 자신을 섬기고 있음을 그대는 알지 못하는가? 또 각자는 당나귀를 섬기는 것처럼, 그대에게도 섬기고 있는 것이다. 누가 그대를 인간으로서 대우하는가? 그 사람을 나에게 보여 달라. 누가 그대를 닮고자 하는가. 소크라테스를 모방하는 자들은 많이 있었지만, 그와 같이 그대의 모방자가 된 사람이 있는가? "그러나 나는 그대의 목을 벨 수 있다." 지당한 말이다. 나는 내가 열병이나 콜레라를 아끼는 것처럼, 그대도 아끼고, 로마에는 열병 신을 모시는 제단이 있는 것처럼, 그대에 대하여도 하나의 제단을 세울 것을 잊었던 것이다.

2. 대중을 괴롭히고 두렵게 하는 것은 무엇인가? 폭군과 그 호위병인가?—아니다. 절대로 그렇지 않다. 그 성질상 자유로운 자는 자기 이외의 것에 의해 시달림을 받거나, 훼방을 받는 일이 없는 것이다. 그처럼 시달림을 받는 것은, 사물에 대한 자기의 의견에 의해서이다. 폭군이 어떤 사람더러, "나는 너의 다리를 묶어 버릴 테다" 하고 말할 때, 자기의 다리를 소중히 여기는 사람이라면, "제발 용서해 주시오" 하고 말할 것이다. 그러나 자기의 의지를 소중히 여기는 사람은 이렇게 말할 것이다. "만일 그렇게 하는 것이 그대에게 이로운 일이라면 묶어 버려라" 하고.

"너는 나를 어떻게 알고 있는가?"

"나는 그대(폭군)를 아무렇지도 않게 생각하고 있다. 나는 내가 주인임을 보여 주련다. 그대가 어찌 내 주인일 수 있겠는가? 신이 나를 자유인으로 만든 것이다. 그대는, 신이 자기 자식을 노예로 삼으려고 원하는 줄 생각하는가? 그대는 다만 나의 죽은 육체의 주인일 따름이다—나를 가져가라."

"그러면 너는 나를 섬기기를 원치 않는가?"

"나는 원치 않는다. 나는 다만 자기 자신을 섬기려고 한다. 만일 그대가, 나로 하여금 그대도 섬기게 하려고 한다면, 그것은 내가 내 부엌에 놓인 단지가 나를 섬기는 것과 마찬가지의 의미밖에 갖고 있지 않다."

3. 이것은 결코 욕심이 아니다. 왜냐하면, 모든 생물은 만사를 자기 자신을 위해 하게끔 만들어져 있기 때문이다. 태양은 자기 자신을 위해 모든 일을 한다. 그리고 제우스 신까지도 자기 자신을 위해서 역사하는 것이다. 그러나 비를 내리는 신이나, 과일의 신이나, 그 밖의 여러 가지 신 및 사람들의 아버지가 될 경우에는 대체로 일반인의 복리를 위해 일해야 한다. 그렇지 않다면, 그들이 그러한 일을 하여 그런 칭호를 받을 수 없기 때문이다. 요컨대 신은 이성을 지닌 동물(인간)의 성질을 만들 때, 일반인의 복리에 도움이 되는 것을 제공하지 않으면, 자기 복리가 되는 것을 얻을 수 없게끔 하였던 것이다. 그러므로 인간이 만사에 자기를 위하는 것은, 일반의 복리를 무시하는 것이 되지 않는다. 인간이 자기의 이익을 떠나서 행동하기를 기대할 수 있을까? 그렇게 되면 모든 일에 적용되는 유일한 원리—즉 만물의 자기 자신에 대한 애정은 아무 데서도 찾아볼 수 없지 않은가?

4. 만일 우리가 의지의 힘으로 어떻게도 할 수 없는 것에 대하여, 그것이 마치 선이며 또는 악인 것처럼 생각되는 기묘하고도 어리석은 의견에 좇아 행동한다면, 우리가 폭군을

섬기지 않으려고 생각하여도 헛일일 것이다. 그리고 이런 폐단은 폭군에게만 미치고, 그 추종자에게는 미치지 않기를 우리는 바란다. 그러나 황제가 어떤 사람을 밤에 변기의 시중을 들게 하였다고 해서 그가 별안간 현명해질 수 있을까! 그러나 우리는 흔히 이렇게 말하기가 일쑤이다.

"페리시오[11]와 이야기해 보았더니, 아는 것이 많더군!" 하고.

5. 그러나 이 진상을 알아차린 사람이, 현존하는 모든 것을 태연스럽게 바라보고 또 과거의 일을 태연스럽게 참아가면서, 안락하고 평화롭게 살아가려는 것을 그 무엇이 훼방할 수 있겠는가? 그대들은 나에게 가난을 참게 하려는가? 그러면 그렇게 하는 사람더러 가난이 무엇인가를 알아보라. 그대는 나로 하여금 나라를 다스리게 하려는가? 그러면 나에게 권력과 이에 따르는 괴로움을 달라. 그대는 나를 추방하려는가? 나는 어디를 가나 언짢아하지 않는다. 왜냐하면, 내가 여기서 평안한 것은, 장소 때문이 아니라 나의 견해 때문이므로. 아무도 나의 견해를 나에게서 빼앗지 못한다. 왜냐하면, 이것만이 참된 나의 소유물이며 그것은 나의 손에서 빼앗기는 일이 없고, 내가 어디 있건 또 무슨 일을 하건 이

---

11) 페리시오는 에픽테토스의 주인의 제화공으로 있던 노예이지만, 황제에게 팔려 간 후에 그 제화공이 되었다.

것을 소유하고 있는 한, 만족을 느낄 수 있기 때문이다.

6. “그러나 지금은 죽을 때가 되었다.” 뭐라고? 죽어야 한다고? 비극의 세리프 같은 말을 하지 말라. 그리고 사실을 그대로 말하라. 지금이야말로 나의 육체의 물질이 다시 분해되어, 이를 구성한 본래의 것으로 돌아갈 때이다. 여기에 어떤 두려움이 있는가? 무릇 우주에 존재하고 있는 것 중에서 무엇이 멸망해 가고 있는가? (물질은 불멸이다) 어떤 새로운 것, 어떤 기이한 것이 생기려고 하는가? 이러한 일 때문에 폭군은 두려워하지 않을까? 그리고 호위병들이 길고 날카로운 검을 차고 있는 것도 그 때문이 아닌가? 죽는다는 말은 다른 사람에게나 하라. 이 모든 것은 내가 이미 다 검토하였다.

아무도 나를 지배할 능력을 갖고 있지 않다. 나는 신에 의하여 자유를 얻은 것이다. 나는 신의 명령을 알고 있다. 그러므로 아무도 나를 납치해 갈 수 없다. 나는 나를 필요로 하는 석방자나 재판관을 알고 있다. 그대는 내 육신의 지배자인가? 그러나 그것이 나에게 무엇이란 말인가? 그리고 그대는 내 재산의 지배자인가? 그럼 그것이 나에게 무엇이란 말인가? 그대는 추방이나 구속의 주인인가? 나는 이 모든 것과 이 가련한 육신을, 그대가 원할 때에 버리고자 한다. 그대의 능력을 시험하여 그것이 어디까지 이룰 수 있는가를 알아보라.

7. 그러나 폭군은 묶으려고 한다—무엇을? 다리를. 그는 빼앗으려고 한다—무엇을? 머리를. 그렇다면 그는 아무것도 묶을 수 없고 빼앗을 수 없는가? 그것은 의지이다. 그러므로 옛사람이 가르쳐 말하기를 "너 자신을 알라."

8. 나는 누구를 두려워할 수 있겠는가? 침실의 하인인가! 그들이 무엇을 할 수 있다고 내가 두려워하겠는가? 나를 가두기 때문인가? 내가 안으로 들어가기를 싫어하는 것을 발견하면 나를 가두도록 하라.

"그러면 그대는 어찌하여 문에 가까이 다가갔는가?"

"유희를 할 때에는 이에 가담하는 것이 마땅한 일이라고 생각하기 때문이다."

"그러면 그대는 어찌하여 갇히지 않는가?"

"그것은 이렇다. 만일 내가 용납되지 않으면 황제가 있는 곳에 들어가려고 생각하지 않지만, 세상에서 일어나는 모든 것은 내가 원하는 바이다. 또 신이 원하는 것은, 내가 원하는 것보다 우월하다. 나는 신의 하인, 신의 사자로서 신의 뜻을 좇는다. 나의 충동도, 욕구도, 신의 그것과 동일한 것이다. 즉 나의 의지는 신의 의지와 마찬가지이다. 나는 갇히는 일이 없다. 그러나 무리로 안에 들어가려는 사람들에게는 그런 일이 있다. 그런데 나는 어찌하여 들어가려고 하지 않는가?

나는 안에 들어간 사람들에게 별로 차례 오는 것이 없음을 알고 있기 때문이다. 그러나 나는 어떤 사람이, 황제에게서 명예로운 관직을 받았기 때문에 사람들의 축하를 받았다고 한다면, 대체 운명이 그에게 무엇을 주었느냐고 묻고자 한다. 어느 지방의 총독 자리인가? 그러면 운명은 그와 더불어 당연히 그가 가져야 할 능력도 그에게 주었는가? 장관의 자리인가? 그러면 그대는 장관이 되기에 합당한 힘을 얻게 되는가?

어찌하여 나는 안으로 들어가려고 애써야 할까? 어떤 사람이 무화과나 편도를 길바닥에 뿌렸다고 하자. 아이들은 앞을 다투어 그것을 주우려고 할 터이지만, 어른들은 그렇지 않다. 왜냐하면, 그들은 그것을 너무나 보잘것없는 일이라고 생각하기 때문이다. 그리고 만일 조개껍질을 뿌려 놓았다면, 아이들까지도 주우려고 하지 않을 것이다. 정부의 혜택이 분배되었다면—아이들은 그것을 원할 것이다. 돈이 주어졌다면, 아이들은 그것을 원할 것이다. 군사직이나 집정직이 분배되었다면—아이들로 하여금 그것을 빼앗게 하라. 아이들로 하여금 거기에 갇히게 하라. 매를 맞게 하라. 그들로 하여금 주는 손길 또는 주는 자의 노예의 손길에 입을 맞추게 하라—그런 것들은 나에게, 무화과나 편도에 불과한 것이다.

그러면 결국 어떻게 되는가? 그러므로 그대는 황제가 이러한 것들을 길에 뿌릴 때, 비록 줍지 못하여도 상심하여서는 안 된다. 만일 하나의 무화과가 그대의 호주머니에 떨어지면 주워 먹도록 하라. 그 정도의 가치는 무화과도 갖고 있다. 그러나 만일 내가 이 때문에 굽실거리거나, 남을 넘어뜨리거나, 혹은 남에 의해 넘어져야 한다면, 그리고 실내에 들어가는 사람(황제의 곁에 갈 수 있는 사람)들에게 아부해야 한다면, 무화과에는 그 가치가 없으며, 선하지 않는 다른 어떠한 것에도 그 가치가 없고, 철학자들이 선이라고 간주하여서는 안 된다고 나에게 가르친 것들에도 가치가 없는 것이다.

11. 악인에 대하여 우리는 어떤 태도를 취할 것인가

1. 모든 사람들에게 오직 하나의 원칙이 있을 뿐이다. 내가 어떤 일에 찬성할 때 그것은 그렇다는 생각이 들며, 어떤 일을 부인할 때에는 그것은 그렇지 않다는 생각이 든다. 그리고 내가 판단을 주저할 때에는 그것은 불확실하다는 생각이 든다. 마찬가지로, 내가 무엇에 마음이 쏠릴 때에는, 그것은 나에게 유익하다는 생각이 든다. 그러나 어느 하나에 유익하다고 판단하고 다른 것을 추구할 수는 없으며, 어떤 일을 옳다고 판단하면서 다른 것에 마음이 쏠릴 수도 없다고

철학자들은 말한다. 그런데 이 말이 진실하다면 우리는 어찌하여 많은 사람들에게 분노를 터뜨리는가? "그들은 강도요, 도적이다" 하고 어떤 사람은 말한다. 그리고 강도이고 도적이라는 것은 무엇을 가리키는가? 그것은 선악의 판단을 그르치는 것을 말한다. 그러면 우리는 이들에 대하여 분노를 느껴야 하는가, 혹은 그들을 가련하게 생각해야 하는가? 아니다. 그들에게 잘못을 지적해 주어야 한다. 그렇게 하면 그들은 이 죄악을 저지르지 않는 것을 그대는 발견하게 될 것이다. 그러나 만일 그들이 그것을 이해하지 못하면, 그들은 자기의 눈에 비치는 사물의 외모 이상으로 더 좋은 것을 조금도 갖고 있지 않는 것이다.

2. "그러므로 이 강도, 이 간통범은 멸망되어야 하지 않겠는가?" 하고 말하는가? 그런 말을 해서는 안 된다. 오히려 이렇게 말해야 한다. "가장 중요한 사물에 대하여 잘못을 저지르거나, 기만당하는 이 사람을—흑백을 분간하는 시각이 아니라, 선악을 분간하는 판단에 있어서 소경인 이 사람을—우리는 멸망시켜야 하지 않는가?" 하고. 이렇게 말하고 보면, 그대들은 자기의 말이 얼마나 잔인하였던가를 알고, 또 이 말이 "우리는 이 소경, 이 벙어리를 멸망시켜야 하지 않겠는가?" 하고 말하는 것과 흡사함을 알 수 있을 것이다. 가장 소중한 것을 빼앗기는 일이 최대의 손해이며, 각자가 갖

고 있는 가장 중요한 것은, 당연히 그가 가져야 할 의지이고 보면, 어찌하여 그대는 이것을 빼앗긴 사람에 대하여 분노를 일으키는가? 그대는 타인의 악한 행실로 말미암아 자연에 위배되는 마음을 일으켜서는 안 된다. 오히려 그를 측은하게 생각하라. 그를 모욕하거나 증오하여서는 안 된다. "이 저주받아야 할 나쁜 놈들" 하고 일반 대중들이 사용하는 말을 버려라. 어찌하여 그대는 갑자기 이렇게 현명하지 않게 되고, 또 이렇게 비참하게 되었는가?

3. 우리는 어찌하여 화를 내는가? 그들이 우리에게서 빼앗아 간 것을 존중하기 때문이다. 아름다운 옷을 존중하지 않으면, 그대는 도적에 대하여 화를 내지 않을 것이다. 여인의 아름다운 얼굴을 존중하지 않으면, 그대는 간부에 대하여 화를 내지 않을 것이다. 도적이나 간부는 그대 자신의 소유물에 대하여는 아무 관계도 갖고 있지 않다. 그들은 다만 그대의 소유물이 아닌 것, 그대의 힘으로 좌우할 수 없는 것에 관련되어 있을 뿐이라는 사실을 알아야 한다. 그러한 것을 배격하고 무가치하다고 생각하는 이상, 그대는 누구에게 화를 내겠는가? 그런데 이러한 것을 그대가 존중하는 동안, 타인을 미워하기보다는 그대 자신에 대하여 분노를 느껴야 할 것이다.

4. 그러므로 진상을 잘 보라. 그대는 아름다운 옷을 소유

하고 이웃 사람은 그것을 갖고 있지 않다. 그대는 창문을 갖고 있으며, 그리하여 창문을 통해서 그대의 옷을 남의 눈에 뜨이도록 한다. 이 이웃 사람은 인간의 참된 아름다움이 아름다운 옷을 입는 데 있다고 착각한다. 즉 그대의 생각과 같은 것이다. 그러므로 그들이 와서 옷을 훔쳐 가는 것이 어찌하여 나쁜 일인가? 배고픈 사람들에게 과자를 보여 주고 나서 그대가 혼자 먹어 버리고, 그대는 그들이 과자를 빼앗아 가지 않기를 원하는가? 그럴 수는 없다. 그대는 그들을 도발시켜서는 안 된다. 문 같은 것은 갖고 있지 않는 것이 좋다. 그대의 옷을 자랑삼아 보여 주어서는 안 된다. 나는 요새 신들의 초상 곁에 철제 램프등을 놓아두었다. 문 쪽에서 이상한 소리가 들려왔으므로 뛰어 내려가 보니, 어떤 사람이 램프등을 갖고 도망치는 것이었다. 나는 이 사건을 돌이켜 보고 도적의 충동이 결코 자연에 어긋나지 않는다는 것을 생각해 내었다. 그리하여 나는 자기 자신에게 타일렀다. "나는 내일 토기 램프등을 찾아내야지" 하고. 인간은 자기가 갖고 있지 않는 것은 잃어버리지 않는다. "나는 윗저고리를 잃어버렸다" 하고 말하는가? 그것은 그대가 윗저고리를 갖고 있었기 때문이다. "나는 두통이 난다"고 말하는가? 그대의 뿔이 아픈가?[12] 그러면 어찌하여 그대는 분통을 일으키는가? 우리가 소유하는 것에만 손실도 있고 고통도 따르게 마련이며, 그 이외의 것에는 이러한 일이 일어나지 않는다.

12. 인생항로

그대는 항해 중에 배가 잠시 어느 항구에 머물러 있고, 그대가 물을 뜨기 위해 배에서 내려오는 길에 조개나 구근 같은 것을 주워 오는 것은 무방하지만, 언제나 관심을 배에 두어야 한다. 그리하여 혹시 선장이 부르지나 않나? 하고 언제나 유의해야 하며, 혹시 그가 불러들여(순종치 않거나 또는 도망친 노예처럼) 양과 같이 결박되어 배 속에 갇히지 않기 위해, 만사를 버리고 곧 돌아와야 하거니와, 인생에 있어서도 이와 같이 그대에게 처자가 주어지면 이를 기뻐해야 하지만 인생의 선장이 부르면 급히 배에 돌아가라. 만사를 버려야 한다. 아무 일에도 집착하여서는 안 된다.

만일 그대가 늙은이라면 배에서 멀리 떠나서는 안 된다. 선장이 부를 때 늦지 않도록.

---

12) 인간에게는 뿔이 없으므로 아플 리가 없는 것이다. 두통이 나는 것은 머리가 있기 때문이라는 의미이다.

13. 노력의 목표

1. 모든 일이 그대가 바라는 대로 일어나기를 원하지 말고, 오히려 일어나는 대로 방임해 두어라. 그렇게 하면 그대들은 행복하게 살아갈 수 있을 것이다.

2. 병은 육체의 고장으로, 의지가 스스로 그렇게 하지 않는 한 결코 의지의 고장은 될 수 없다. 절름발이는 다리의 고장이며, 의지의 고장이 아니다. 그대에게 일어나는 모든 일에 대하여 그 일 자체에게로 돌려라. 그렇게 하면 그대는 그 일이 그대를 훼방하지 않고 다른 역할을 한다는 것을 발견하게 될 것이다.

3. 그러면 우리를 억압하고 우리 마음을 교란하는 것은 무엇인가? 그것은 견해이다. 다른 곳에 가서, 친지나, 친구나, 집이나 습관을 버리는 괴로움은—자기의 견해 이외의 무엇에 의해 억압되는가? 아이들은 유모가 잠시 그들을 떠났기 때문에 울부짖다가도 과자를 주면 곧 그 슬픔을 잊어버린다. 그대는 이 아이들과 같기를 원하는가?

"아니다. 그것은 말도 안 된다. 나는 정당한 견해에 의해서가 아니라, 한 개의 과자에 의해 이렇게 좌우되기를 원치 않는다."

그런데 정당한 견해란 무엇인가?

그것은 인간이 언제나 명심하도록 배워야 한다—즉 우리는 자기에게 속하지 않는 것에 의해 움직여서는 안 된다는 것이며 친구, 도박, 투기 또는 신체의 작용에 종속되지 말며, 신의 대법을 저버리지 않고, 언제나 이것을 염두에 두는 일이다. 신의 대법이란 무엇인가? 자기 자신의 소유물을 잘 간직하고, 남에게 속하는 것은 조금도 탐내지 말고, 자기에게 주어진 것을 사용하며 주어지지 않은 것을 갈망하지 말고, 빼앗긴 것은 지금까지 그것을 사용한 것을 감사하며, 쉽사리 그리고 기꺼이 잊어버려라. 이렇게 하든지—또는 유모나 어머니를 찾아 울거나 하라. 그대가 어떤 사물에 혹은 어떤 사람에게 종속되건, 또 그대의 행복이 어디에 달려 있건, 그것이 그대와 무슨 관계가 있는가? 만일 그대가 투기나, 도박이나, 친구나 그 밖에 이러한 모든 오락을 위해 비탄에 빠진다면 자기 애인 때문에 탄식하는 사람과 비교하여 볼 때 그 어느 점이 다른가? 또 어떤 사람이 찾아와서 벌써 데이루스(강의 이름)의 물을 먹을 수 없다고 해서 원통하게 생각한다. 그런데 미루시아스 수도의 물은 데이루스의 물보다 맛이 나쁜가?

"그렇지만 나는 데이루스의 물을 언제나 마셔 왔어."

그러면 마루시아스 물에도 그대는 맛을 붙일 수 있을 것이다. 그리고 이 물에 크게 애착을 느끼게 되면 그 때문에

또 원통하게 생각하고 에우리피데스의 시구를 모방하여,

'네로의 목욕탕과 마루시아스의 물줄기'하고 노래라도 불러라. 보라! 우매한 자에게는 사소한 사건도 얼마나 비극을 낳는가를.

4. "나는 언제 다시 아테네나 아크로폴리스를 볼 수 있을까?" 가련한 자여, 그대는 날마다 보는 것으로 만족하지 못하는가? 그대는 태양과 달과, 별과 대지와, 바다보다 더 볼 만한, 더 위대한 것을 갖고 있는가? 또한 그대는 만물을 지배하는 신의 도를 더듬어, 그대 속에 신을 모시면 그 위에 다시 신기한 돌이나 아름다운 바위를 탐낼 필요가 있는가? 그대가 태양이나 달에서 떠나게 되면, 어떻게 하겠는가? 아이들처럼 앉아서 울겠는가? 그대는 학교에서 무엇을 하였는가? 무엇을 듣고 무엇을 배웠는가? 그대는 "나는 어떤 초보의 학문을 배우고, 크리시포스의 책을 읽었다. 그러나 철학자의 집 문전에는 가보지도 못하였다" 하고 실토를 해야 하는데, 어찌하여 자기 자신을 철학자라고 불렀는가? 그대는 소크라테스나 디오게네스처럼 그런 최후를 마친 생활과 어떤 공통된 점을 갖고 있었는가? 이들이 어떤 남자나 어떤 여자와 이미 만날 수 없게 되었다고 해서, 혹은 아테네나 코린토스에는 살 수 없게 되고, 어쩌면 수사나 에크바타나에 살게 될지도 모른다고 해서 비통해 하거나 분노를 일으켰다고

생각하는가? 자기가 적당하다고 생각하는 때에, 연회나 유희를 그만두고 자리를 떠날 수 있는데도 불구하고 그대로 남아서 원통해 하는 사람이 어디 있단 말인가? 유희에 있어서처럼, 자기가 즐겁게 생각하는 동안만 거기에 머물러 있어야 하지 않겠는가? 이런 사람들이야말로 종신의 추방이나 사형선고와 같은 것을 쉽사리 감당할 수 있을 것이다. 그대는 이제 어린이처럼 젖에서 떠나 굳은 음식을 먹으려고 생각하지 않는가? 그대의 어머니나 유모를 찾아, 마치 노파가 애통하는 것처럼 울기를 그치려고 생각하지 않는가?

"그러나 내가 떠나면 그들을 슬프게 할 것이다."

슬프게 한다고? 절대로 그런 일은 없다. 그들을 슬프게 하는 것은, 곧 그대를 슬프게 하는 것으로―그것은 하나의 견해이다. 그러면 그대는 어떻게 해야 하는가? 그대의 잘못된 견해를 버려라. 그렇게 하면, 그들은 현명할진대 자기들의 견해도 버릴 것이다. 만일 그들이 그렇게 하지 않으면 스스로 비탄에 빠지는 원인을 조성하게 되는 것이다.

5. 우리는 속담에 말하는 것처럼 평화와 자유와 넓은 도량을 위해 결국 미치광이가 되어야 한다. 노예의 신분에서 이탈한 사람처럼, 그대의 머리를 들라. 대담하게 신을 쳐다보고 말하라.

"앞으로는 나를 그대가 원하는 대로 취급해 주소서. 나는 그대와 같은 마음을 갖고 있나이다. 나는 그대의 것이로소이다. 나는 그대에게 선이라고 생각되는 것은 하나도 놓칠 수 없나이다. 그대가 원하는 곳에 나를 데리고 가서 그대가 즐기는 옷을 입혀 주소서. 그대는 나에게 정치를 시키려고 하십니까, 그렇지 않으면 사인의 생활을 시키려고 하십니까? 집에 머물러 있는 것과, 추방을 당하는 것과, 가난뱅이가 되는 것과, 부자가 되는 것 중에서 어느 것을 그대는 원하십니까? 이 모든 경우에 나는 뭇 사람들에게 그대의 변호사가 되려고 하나이다—나는 이 모든 경우의 본질이 무엇인가를 설명하겠나이다" 하고.

아니, 그러나 그대는 한쪽 구석에 앉아서 어머니가 먹을 것을 갖다 주기를 기다려라.

6. 만일 헤라클레스가 집 안에 머물러 있었던들 어떤 사람이 되었을까? 그는 에우리스테우스(미케네의 임금)가 되고 헤라클레스는 되지 않았을 것이다. 그가 세계를 돌아다니는 동안에 얼마나 많은 동료나 친구를 얻게 되었는가! 그러나 그에게는 신처럼 치밀한 것은 없었다. 그 때문에 나는 신의 아들이라고 믿게 되었다. 그리고 사실상 신의 아들이었던 것이다. 그는 신을 믿으면서 불법과 죄악을 씻으며 돌아다녔다. 그런데 그대는 헤라클레스가 아니다. 그대 자신의 것이 아닌 악을 씻어 버릴 수 없으며, 또한 그대는 아티카에서 재

앙을 제거한 디시우스도 아니다. 그러면 그대 자신의 죄를 깨끗이 씻어 버려라. 그대의 가슴에서, 그대의 마음에서, 프로크루스테스[13]나 시론 대신에 슬픔과 공포와 탐욕과 질투와 유약과 방종을 던져 버려라.

이러한 것은 신을 우러러보고 신에 의해서만 행동하고, 신의 명령에 순종하지 않고서는 할 수 없는 것이다. 그러나 그대가 만일 이 일 이외의 것을 택한다면 그대는 자기보다 강한 자에 대하여는 시달림을 받으며 비탄에 잠기면서도 언제나 쫓아가서 자기 이외의 것의 행복을 구하지만, 이에 도달할 수 없을 것이다. 그대는 행복이 없는 곳에서 행복을 찾고, 행복이 있는 곳에서 이를 찾지 않기 때문이다.

14. 능력

모든 일에 있어서 그대는 자기의 내부를 탐구하고, 이 일에 대항할 수 있는 어떤 힘을 갖고 있는가를 생각해 보아야 한다. 미인을 만나면 그대는 이에 대항하는 힘으로써, 자기 마음속에 자제력이 있음을 발견하게 될 것이다. 귀찮은 일이

---

13) 프로크루스테스는 다마스테스의 별명이다. 다마스테스는 아티카의 강도이며, 디시우스에게 퇴치되었다. 시론도 아티카에 행패를 부린 강도이다.

생기면 그대는 불굴의 힘을, 수치를 당하면 인내를, 그대 안에서 발견하게 될 것이다. 그대가 이렇게 습관을 붙이면 여러 가지 표상에 의해 마음을 괴롭히는 일이 없을 것이다.

15. 반환

어떤 사물에 대하여 "나는 그것을 잃어버렸다"고 말하여서는 안 된다. "나는 그것을 반환하였다"고 말하라. 그대의 자식이 죽었는가, 그것은 반환된 것이다. 그대의 재산을 빼앗겼다면 그것도 반환된 것이다. 물론 그대에게서 그것을 빼앗아 가는 사람은 악인이다. 그러나 준 자가 누구를 빌어 그것을 반환하든, 그대와 아무런 관계가 없는 것이다. 그러므로 그가 그것을 그대의 소유로 맡겨 주는 동안은 그것을 남의 것으로서 보관하라. 마치 떠나면 그만인 나그네가 그 여관을 사용하는 것처럼.

16. 평정의 가치

1. 그대가 철학을 깨치려면 다음과 같은 그릇된 생각을 버려라. "만일 내가 내 재산을 잘못 관리하면, 생활의 방도가 없어질 것이다. 내가 만일 자식을 벌하지 않으면, 나쁜 사람

이 될 것이다" 하고. 두려움과 슬픔을 갖지 않고 죽는 것은 불안한 마음을 갖고 사는 것보다 낫다. 그대가 불행하게 되는 것보다 자식이 악인이 되는 편이 낫다.

2. 그러므로 가장 작은 일에서부터 시작하여, 누군가 그대의 기름을 훔쳐 갔다고 하자. 또 그대의 술을 훔쳐 갔다고 하자. 그때에는 이렇게 생각하라. "이것만 잃고 나는 냉정을 사들였다. 이 대신에 나는 평정을 얻었다"고. 무엇이고 대가 없이 살 수는 없다. 그대가 하인을 불러도, 그에게는 들리지 않을지도 모르며, 또 들려도 그대가 원하는 대로 하지 않을지도 모른다는 것을 잊지 마라.

그러나 "그것은 하인의 본분에 어긋난다"고 그대는 말하는가?

그런데 그대에게는 하인으로 말미암아 노기를 띠지 않는 것이 어울리지 않는가?

17. 선택

그대가 철학을 배우려면 남들이 외부 사물에 관하여 무식한 자요, 우매한 자라고 하더라도 참아야 한다. 그대가 진리를 아는 것처럼 보이려고 생각하지 말라. 그대가 남의 눈에 어떤 가치 있는 존재라고 보였을 때에도 그대 자신을 의심하라. 내적인 결심과 외계의 사물을 동시에 정확히 파악하는 것은 쉬운 일이 아니다. 차라리 양자 중에서 어느 한 편을 열심히 추구하는 자는, 그 때문에 다른 한 편을 소홀히 할 수밖에 없는 것을 당연한 일로 알아야 한다.

18. 속박

1. 만일 그대가 처자나 친구가 영원히 생존할 것을 원한다면 바보이다. 왜냐하면, 그대는 자기 능력 속에 있지 않는 것을, 자기 능력 속에 지니려고 하며, 자기 소유가 아닌 것을 자기 소유로 하려고 하기 때문이다. 마찬가지로 그대의 자식이 아무런 과오도 범하지 않기를 바란다면, 그대는 바보이다. 이로 말미암아 그대는 과오가 과오 아니고 다른 무엇이기를 원하기 때문이다. 이와 반대로 그대가 자기의 능력으로 할 수 있는 것만을 한다면, 무슨 일이든지 성공할 수 있다.

2. 신은 우리가 원하는 것과 싫어하는 것을 주기도 하고, 또 빼앗기도 하는 힘을 갖고 있다. 그러므로 자유를 원하는 사람은, 타인의 능력에 속하는 것을 원하거나 또는 피해서는 안 된다. 그렇지 않으면 그대는 노예를 면치 못할 것이다.

3. 데미트리아스는 네로에게 말하였다. "그대는 죽음으로써 나를 위협하지만 자연은 그대를 위협하고 있다"고. 내가

만일 가련한 나의 육체나 재산 때문에 마음을 빼앗기면, 나는 자기를 노예로 만든 것이다. 내가 무엇에 얽매여 있는가를 스스로 여실히 보여 주기 때문이다. 그대가 소중히 생각하는 것을 신은 침범함을 알라. 그것은 마치 뱀이 그 머리를 움츠리는 것을 보고, 내가 "뱀이 소중하게 생각하는 부분을 때려라" 하고 말하는 것과 마찬가지이다. 이것을 염두에 두면 그대는 남에게 아부하거나 두려워하지 않을 것이다.

4. 그대는 인생에 있어서 마치 향연의 석상에 있어서와 마찬가지로 행동하여야 한다. 요리를 담은 접시를 그대 앞으로 가져오면 그대는 손을 내밀고 그 일부를 취한다. 그리고 그대가 좋아하는 음식이 한동안 그대에게 돌아오지 않으면, 그대는 이를 탐내어서는 안 된다. 그 요리가 그대에게 돌아올 때까지 기다리고 있어라. 처자나 지위, 재물 등에 대하여도 마찬가지로 행동하라. 그렇게 하면 그대는 언젠가는 신들의 (향연에 있어서) 품위 있는 손님이 될 것이다.

그러나 그대에게 제공된 것을 그대가 조금도 취하지 않고 그것을 뜬구름처럼 생각한다면, 그대는 비단 신들의 귀한 손님이 될뿐더러, 또 신들과 같은 통치자가 될 것이다. 이렇게 함으로써 디오게네스나 헤라클레이토스나 그 밖의 사람들은 그들에게 주어진 신인이라는 이름에 부합되었던 것이다.

19. 우리는 진심으로 슬퍼해서는 안 된다

누가 자식이 먼 나라에 여행을 하였다거나 재산을 잃어 슬퍼하는 모습을 그대가 보면, 이 사람은 외계의 사물을 잃었기 때문에 불행하다는 망상에 빠져서는 안 된다. 이와 반대로 다음과 같이 말하도록 하라. "그를 괴롭히는 것은, 이 불행 자체가 아니라(왜냐하면 많은 다른 사람들은 이 때문에 괴로움을 당하지 않을 테니까) 오히려 그 사물에 대하여 갖고 있는 관념에 의해 괴로움을 당한다"라고. 이치에 맞는 이야기로써 그의 기분을 조절할 것을 주저하여서는 안 된다. 그러나 그대는 충심으로 함께 비탄에 빠지지 않도록 주의하라.

20. 인간은 자기의 역할을 수행해야 하며, 이를 선택해서는 안 된다

1. 그대는 한 희곡에 있어서, 시인이 그대로 하여금 연출케 하려는 어떤 역할을 맡은 자임을 기억하라. 그것이 짧으면 짧은 역할을, 길면 긴 역할을 그대는 담당해야 한다. 만일 그가 그대더러 가난뱅이의 역할을 하기를 원한다면, 그것을 훌륭히 담당하라. 거지, 관공리 또는 일반 시민의 역할을 맡

게 하려는 경우에도 마찬가지이다. 그대에게 맡긴 역할을 훌륭히 마치는 것이 그대의 할 일이며, 이를 택하는 것은 다른 사람이 할 일이다.

2. 그러므로 그대는 나에게 이렇게 말해서는 안 된다. "그러면 나는 어떻게 될 것인가?" 하고. 왜냐하면, 그것이 어떻게 되어 가건 그대는 이를 선용할 것이며, 어떠한 결과를 초래하더라도 그것은 그대에게 행복할 터이므로. 만일 헤라클레스가 "사자나 멧돼지나 야만인과 만나지 않도록 하려면 어떻게 해야 할까" 하고 궁리하였다면, 헤라클레스는 어떻게 되었을까?—그런데 그대는 이렇게 되면 어떻게 해야 하겠는가? 만일 멧돼지가 나타났다면 그대는 이와 큰 싸움을 벌일 것이며, 악인이 나타나면 이 세상에서 그를 쓸어버릴 것이다.

"그러나 그렇게 하려다가 죽어 버리면?" 하고 그대는 말하는가. 그 경우에 그대는 고귀한 사업을 완성하면서, 한 선량한 인간으로서 죽을 것이다. 인간은 죽지 않을 수 없으므로, 그대가 어떤 일에 종사하고 있을 때 죽음은 그대를 찾아올 것이다. 즉 그것은 그대가 밭을 갈거나, 구멍을 파거나, 장사를 하거나, 나랏일을 하거나, 소화 불량에 시달리거나, 설사로 괴로움을 당할 때 그대를 찾아올 것이다.

그대는 어떤 일을 하고 있을 때에 죽음이 찾아왔으면 하는가? 나로서는 어떤 인자한 박애의 사회적인 고귀한 일을 택할 것이다. 그러나 만일 이런 위대한 사업에 종사하고 있을 때, 죽음이 찾아오는 것이 불가능하다면 적어도 내가 그것을 행하는 것을 아무도 훼방할 수 없는 일, 그리고 내가 행하게끔 맡겨진 일—즉 자기 자신의 결함을 시정하고, 표상을 사용하는 자기 능력을 개선하며, 자기 화평을 조성하고, 인생의 의무를 수행할 때, 죽음이 나를 발견했으면 한다. 그리고 나에게 그만한 시간이 있다면, 철학의 제3부분—즉 판단의 안정에 관한 부분에 접하고 있을 때 죽음이 찾아왔으면 한다.

3. 이러한 일을 하고 있을 때 죽음이 나에게 찾아오면, 나는 신에게 손을 들고 이렇게 말할 수 있었으면 한다.

"신이여, 그대의 율법을 바라보고 이에 따르기 위해, 나는 그대가 준 방법을 소홀히 하지 않았나이다. 나는 결코 그대를 욕되게 하지 않았나이다. 내가 표상과 근본개념을 어떻게 사용하였는가를 보아 주소서. 내가 그대를 비난한 적이 있었나이까? 또 어떤 일이 일어났을 때 이에 만족하지 않은 적이 있었나이까? 혹은 이와 다른 일이 일어나기를 원하였나이까? 내가 도리에 어긋나는 일을 하였나이까? 그대가 나를 낳고, 또 그대가 나에게 주신 모든 것에 대하여 감사하나이다. 나는 이토록 오랫동안 그대의 선물을 사용하는 것을 감사하나이다. 신이여! 이 선물을 되찾아 그대가 원하는 곳에 놓아

두소서. 모든 것은 그대의 것으로, 그대가 그것을 나에게 주셨나이다—."

4. 이렇게 하여 이 세상을 떠나면 만족스럽지 않겠는가? 또 대체 어떠한 생활이, 이렇게 생각하는 사람의 생활보다 더 훌륭하고 더 고귀할 수 있겠는가? 그리고 어떠한 목적이 이보다 더 행복할 수 있겠는가?

21. 분별

1. 만일 새가 울며 그대에게 불행을 알리면, 이 표상으로 말미암아 불안을 느끼지 말고, 곧 스스로 사리를 분별하여 다음과 같이 판단할 일이다.

"나 자신에 대하여, 아무 일도 알려서는 안 된다. 다만 이 허망한 육체에 대하여, 그리고 나의 조그마한 재산에 대하여, 혹은 나의 명예에 대하여, 그리고 나의 처자에 대하여 알리고 있는 것이다. 그러므로 나에게는 행복만이 예언되게 할 수 있다. 왜냐하면, 어떠한 일이 일어나더라도 그것을 이용하는 것은 나의 힘으로 할 수 있기 때문이다."

2. 그대는 자기가 이길 수 있는 투쟁 이외에는 가담하지 않도록 하라. 그러면 지는 일이 없을 것이다.

3. 그대가 세상 사람들로부터 크게 존경을 받고 있는 사람

이나 혹은 큰 권력을 가진 사람, 그 밖에 높은 명성을 가진 사람을 볼 때, 그 표상에 이끌려 그 사람을 행복하다고 (질투를 하면서) 생각하지 않도록 주의하라. 참으로 가치 있는 사물의 본질은, 우리 힘으로 좌우할 수 있는 것에만 있으므로, 남의 것을 부러워하거나 질투하는 것은 무의미한 일이다. 그대는 분명히 장군이 되기를 원치 않고, 시장이 되는 것도, 집정관이 되는 것도 원치 않고, 다만 자유인이기를 원한 것이다. 그런데 자유에 이르는 길은 우리의 힘으로 좌우할 수 없는 모든 사물을 경시하는 데 있다.

4. 그대를 욕하거나 때리는 자가 그대를 푸대접하는 것이 아니라, 이것을 치욕으로 생각하는 그대의 생각이 그대를 괴롭히는 것이다. 그러므로 누가 그대를 노엽게 하더라도 그것은 상대방이 그렇게 하는 것이 아니라, 그대 자신의 생각이 그대를 노엽게 한 것이다. 그러므로 우선 어떤 일이 일어나는 순간에 자기의 생각에 이끌리지 않도록 노력하라. 나중에 그대가 곰곰이 생각할 여가를 갖게 되면, 그대는 자기를 방어할 수 있을 것이다.

5. 죽음이나 추방이나 그 밖에 무섭게 보이는 모든 일을, 날마다 그대의 눈앞에 그려 볼 일이다. 그렇게 하면, 그대는 결코 천한 생각을 갖지 않고, 혹은 욕심에 사로잡히지도 않을 것이다.

22. 자기만족

1. 만일 그대가 철학을 배우려고 하면, 사람들이 "저 사나이는 갑자기 철학자가 되었군그래. 어릴 적부터 자란 일을 잘 알고 있는 우리에게, 저렇게 존대한 얼굴을 하고 있으니 얼마나 꼴불견인가" 하고 비웃는 것을 각오하라.

그대는 물론 교만한 얼굴을 하여서는 안 된다. 그러나 그대가 가장 고귀하다고 생각하는 것을 굳게 붙잡고 있어라. 마치 그대가 자기 위치를 지킬 것을 신으로부터 명령 받은 것처럼, 그것을 그대가 확고히 지켜 나가면, 전에 그대를 비웃던 자들도, 이윽고 그대를 찬양할 것이다. 그러나 그대가 (처음에 비웃음을 당하는 것이 두려운 나머지) 양보하면, 그대는 이중으로 비웃음을 받을 것이다.

2. 그대가 자기 자신에게서 떠나 외계의 사물에 한눈을 팔고 세상에 영합하려고 들면, 그대는 마음이 비뚤어지게 된다. 언제나 한 철학자로 만족하라. 그리고 자기가 철학자임을 누구에게 보여 주고 싶으면, 그대 자신에게 보여 주라. 그것으로 족하다.

23. 임무

1. “나는 존경도 받지 못하고, 조금도 버젓이 이 생애를 보낼 수 없을 것 같다”고 생각함으로써 그대의 마음을 산란케 하지 말라. 명예의 결핍이 하나의 불행이라고 하더라도, 아무도 그대를 이 속에 빠뜨리지 못함은, 아무도 그대를 치욕 속에 몰아넣을 수 없는 것과 마찬가지이다. 명예로운 지위를 얻거나, 향연에 초대되거나 하는 것을 그대의 힘으로 좌우할 수가 있는가? 아니다. 그렇다면 그렇게 되지 못하는 것이 어찌하여 그대의 불명예가 될 수 있는가? 그리고 그대는, 그대의 힘에 속하는 일에 대하여는 유능하며, 또 자기 자신을 위해 큰 명예를 얻을 수가 있다. 그런데 어찌 “존경도 받지 못하고 버젓이 살 수 없는 일”이 있을 수 있겠는가?

2. “그러나(그렇게 하여서는), 나의 친구들은 나에게서 도움을 받지 못할 것이다” 하고 그대는 말하는가? 그러면 대체 “도움을 받지 못한다”는 것은 무엇을 의미하는가? 그들은 그대에게서 돈을 받을 수는 없을 것이며, 그대는 그들을 로마의 시민으로 할 수도 없을 것이다. 누가 이러한 일을 그대 자신의 능력에 달려 있으며, 결코 남의 것이 아니라고 말하였는가? 그리고 자기가 소유하지 못한 것을 어떻게 남에게 줄 수 있는가? “그러므로 남에게 줄 수 있기 위해서는 재물

을 가져야 한다"고 그대는 말하는가? 만일 양심과 정직과 고귀한 마음을 손상시키지 않고 재산을 얻는 방법이 세상에 있다면, 그것을 나에게 알려 달라. 나는 그 방법에 의해 재산을 모으려고 한다. 그러나 그대들이 참된 재산이 못 되는 것을 얻기 위해, 내가 참된 재산을 버려야 한다고 말하면, 얼마나 부조리하고 지각없는가를 알 것이다. 그대는 어느 편을 원하는가? 돈인가, 성실한 친구인가? 그러므로 나를 도와 후자를 취하라. 내가 이 자격(성실한 친구의 자격)을 잃어버리기를 그대는 원하는가!

3. "그러나 그렇게 하면 조국은 내가 할 수 있는 도움을 받지 못할 것이다" 하고 그대는 말하는가? 이에 대하여 나는 다음과 같이 대답하려고 한다.

"그 도움이란 무엇을 의미하는가? 조국은 그대에게서 신전도 얻을 수 없을 것이며, 목욕탕도 얻을 수 없을 것이다. 그러나 그것이 무엇이란 말인가? 조국은 대장장이로부터 구두를 얻을 수 없으며, 제화공에게서 무기를 얻을 수 없지 않는가? 그대는 다른 사람들을 성실한 시민으로 육성한다면, 그것이 어찌 조국을 이롭게 하지 않겠는가?"

"그것은 그렇다."

"그렇다면 그대는 조국에 대하여 무용한 자일까?" "그러나 나는 조국에서 어떤 지위를 차지할 수 있겠는가?" 하고 그대는 말하는가? 그대가 성실로써 차지하는 지위가 좋은 것이다. 그렇지 않고 그대가 철면피하고 불성실하다면, 그대는 조국에 대하여 무슨 이득이 있겠는가?

24. 대가

1. 향연에 있어서나, 어떤 사교장이나, 또는 어떤 상담에 초대되었을 때, 어떤 사람이 그대보다 먼저 선정되었을 경우에, 그것이 가치 있는 좋은 일이라면 그 사람을 기꺼이 대하라. 그러나 그것이 좋은 일이 아니더라도 그대가 나중에 선정된 것을 서운하게 생각할 이유는 조금도 되지 않는다. 우리 능력에 속하지 않는 것을 손에 넣기 위해서는, 다른 사람들과 같은 노력을 하지 않고 그들과 같은 보수를 받을 수는 없다는 것을 잊지 말라.

2. 왕후의 문에 출입하지 못하는 자가 출입하는 자와 마찬가지로—그 명단에 끼지 못하는 자가 그 명단에 낀 자처럼, 혹은 아부를 하지 않는 자가 아부를 하는 자와 마찬가지로 그의 대접을 받을 수 있을까? 이에 대하여 이러한 것을 살 수 있는 대가를 지불하지 않고 그 사물을 사려고 하면 그대는 정당하지 못하며, 또 지나친 욕심쟁이를 면치 못하는 것이다.

3. 샐러드는 얼마인가? 아마도 백 원일 것이다. 어떤 사람이 그 돈을 지불하고 샐러드를 손에 넣었는데 그대는 돈을 지불하지 않았기 때문에 아무것도 얻지 못하였으니, 그대는 그 사람보다 못마땅할 까닭이 없는 것이다. 왜냐하면 그는 샐러드를 갖고 있지만, 그대는 지출하지 않은 돈을 갖고 있기 때문이다. 다른 일에 있어서도 마찬가지이다. 그대가 어떤 사람에게 초대를 받지 못하였다면, 그대는 그에게 초대를 받을 만한 대가를 주지 않았던 것이다. 그는 자기를 찬양하는 사람이나 자기를 위해 애쓰는 사람에게 초대를 방매하는 것이다. 초대를 받는 것이 그대에게 유리하다면, 그에게 그 대가를 지불하도록 하라. 그러나 그대가 주기를 원치 않으면서 받으려고만 한다면 그대는 욕심이 많은 바보이다.

4. 그대는 향연에 초대되는 대신에 아무것도 갖고 있지 않은가? 아니다. 그대는 자기가 칭찬하고 싶지 않은 사람을 칭찬하지 않았다는 것을 갖고 있지 않은가?

25. 자연의 목적

1. 우리는 이성의 소리를 분명한 사물에 대하여는 똑똑히 들을 수 있다. 예컨대 어린 아들이 남의 그릇을 깨었을 경우에 저마다 이렇게 말한다. "할 수 없지" 하고. 그러므로 그대

의 그릇이 깨어졌을 때에도 남의 그릇이 깨어졌을 때와 마찬가지로 그대는 말해야 한다. 이것을 더욱 큰일에 적응시켜라. 남의 아내나 아들이 죽었을 때에는 누구나 이렇게 말한다. "팔자 소관이지" 하고. 그러나 가족의 한 사람이 죽으면 그는 비탄에 빠져 이렇게 말한다. "아, 이런 변이 있나!" 하고. 우리는 남의 신상에 일어난 것과 같은 일을 어떤 기분으로 보았는가를 상기해 볼 일이다.

2. 표적은 그것을 쏘아 맞추지 못하도록 하기 위해 세워진 것은 아니다. 이와 마찬가지로 불행도 사람이 이를 피하기 위해 이 세상에 있는 것은 아니다.

26. 마음의 보증

만일 어떤 사람이 아무에게나 그대의 육신을 좌우하는 힘을 부여하면, 그대는 분개할 것이다. 그런데 그대는 사람들과 싸움을 하여, 그 때문에 그가 그대의 마음을 산란케 하고 불안에 빠지게 할 정도로 그대의 마음을 지배할 수 있는 힘을 그 사람에게 주는 것을 부끄럽게 생각하지 않는가?

27. 완전한 사람

1. 무슨 일을 하더라도, 어떤 일이 이에 앞서야 하는가, 또 어떤 일을 그것이 일으키는가를 면밀히 생각해 보아야 한다. 이와 같이, 자기의 필연적인 결과를 염두에 두지 않고 기꺼이 일에 손을 대었다가 나중에 애로에 봉착하게 되면, 수치스러운 후회를 해야 할 것이다.

2. 그대는 올림피아드의 경기에서 상을 타려고 한다. 나도 그것은 탐이 난다. 그것은 명예로운 일이므로. 그러나 여기에 어떤 일이 앞서야 하고 또 어떤 일이 이에 따라야 하는가를 깊이 생각하여, 그 방도를 강구해야 한다. 그대는 신체를 엄격히 훈련해야 한다. 엄한 규칙에 따라 식사를 하되, 맛있는 음식을 멀리 하고, 엄중한 명령에 좇아서 일정한 기간 동안 기후에 적응하고 찬 것은 조금도 마시지 않고 포도주를 제한하며, 요컨대 그대가 자기 신체를 의사에게 맡기는 것처럼, 이를 감독에게 맡겨야 한다. 그러고 나서 그대는 경기장에 나타나야 한다. 이 경우에 그대는 자기 손발을 움직이며, 많은 먼지를 마시고 또 아마도 그 위에 많은 구타를 당하여도 꿈쩍하지 않는다고 누가 보장하겠는가?

3. 이러한 일들을 상세히 생각해 보라. 그리하여 아무래도 한번 출전하고 싶으면 선수가 되도록 하라. 이렇게 하지 않

으면, 그대는 어떤 때는 레슬링 선수를, 어떤 때는 검투사를, 어떤 때는 나팔수를, 그리고 어떤 때는 배우를 흉내 내는 어린아이처럼 행동하게 될 것이다. 지금 그대는 선수인가 하면, 다음에는 검투사이며, 그다음에는 웅변가이고, 또 그다음에는 철학자이다. 그러나 그대의 본심은 아무것도 아니며, 그대가 때때로 목격하는 것을 원숭이처럼 모방할 따름이다. 그리고 모두가 그대의 마음에 드는 것이다. 그대는 어떤 확신과, 이에 부합되는 예견을 갖고 일에 착수하는 것이 아니라, 경솔하여 곧 식어질 욕구에서 일에 착수하는 것이다.

4. 만일 몇몇 사람이 한 철학자를 만나 보거나, 또는 사람들이 "유프라테스[14]는 연설을 썩 잘하는군! 아무도 그를 따를 수 없을 거야" 하고 말하는 것을 들으면, 그대는 곧 철학을 연구하려고 한다.

5. 우선 일을 할 때, 그것이 그대에게 무엇을 요구하는가를 상세히 생각하라. 그리하여 그대가 그 일에 적합한가의 여부를 살펴보라. 그대가 5종 경기[15] 선수가 되려고 생각하면, 그대의 팔과 다리와 발꿈치를 살펴보라. 누구나 모든 일에 적합하도록 생기지는 않았다.

6. 그대는 철학자가 되기를 원하면서 지금과 마찬가지로

---

14) 스토아학파의 철학자—역주
15) 달리기, 멀리뛰기, 창던지기, 원반던지기, 레슬링—역주

먹고 마시며, 분노를 터뜨려도 무방하다고 생각하는가? 그대는 눈을 뜨자, 부지런히 일을 하고 친구들로부터 떠나며, 노예에게서까지 멸시를 받고, 이웃 사람에게서는 비웃음을 사며, 모든 일에 있어서—즉 명예나 관직이나 법정이나 그 밖에 여러 가지 일에 있어서도—남들보다 뒤져야 한다.

7. 그대는 이런 대가를 지불해서까지 냉정과, 자유와, 불굴을 얻으려고 하는가의 여부를 깊이 생각해 보라. 혹시 그대는 사내아이들처럼, 어떤 때에는 철학자가 되고, 어떤 때에는 재무관이 되며, 어떤 때에는 웅변가가 되고, 끝으로 어떤 때에는 심지어 황제의 지방 태수가 되기를 원할지도 모른다. 그러나 이것들은 철학자가 되는 것과 병존하지 못한다. 선하건 악하건 그대는 완전한 인간이 되어야 한다. 그대는 내적인 생활과 외적인 생활—즉 자기의 가장 고귀한 부분 오성, 이성, 영성을 완성하든지, 혹은 그대의 외면적인 부분을 완성해야 한다. 즉 철학자가 되거나 세속인이 되어야 한다.

제 3 권

1. 의무

1. 의무는 신상의 여러 가지 관계에 의해 정해진다. 아버지에 대하여 자식은 존경을 하고 모든 일에 순종하며, 그가 책망하거나 구타하였을 경우에는 이를 참아야 한다. 그러나 만일 나쁜 아버지라면? 그대는 어떤 자연의 입법에 따라 훌륭한 아버지를 가져야 했던가? 아니다. 그대는 인간의 아들이며, 따라서 한 사람의 아버지가 배당되었을 뿐이다—그대의 형제가 그대에게 잘못을 저질렀다고 하자. 그대는 그와의 관계를 생각하고, 그의 행동에 관심을 갖지 말고, 그대 자신이 어떻게 하면 이성적으로 행동할 수 있는가를 생각해 보라. 그대가 그렇게 하면 아무도 그대를 노엽게 하지 못할 것이다. 하기야 그대가 노엽게 생각했을 때 비로소 그대는 노여움을 당하게 되는 것이다.

2. 이와 마찬가지로 그대가 이웃 사람이나 시민이나 지도

자라는 명칭의 의미를 잘 생각해 보는 습관을 가지면, 그대는 이들에 대한 자기의 의무를 발견하게 될 것이다.

2. 에피쿠로스[1]에 반박

1. 에피쿠로스도 우리의 천성이 사교적임을 알고 있다. 그러나 선을 우리의 형해 속에서 찾았으므로, 그는 인간은 천성이 비사교적이라고 말할 수밖에 없었다. 그는 선의 성질에서 떠난 것은 무엇이든 찬양을 받거나 허용되어서는 안 된다고 주장하였던 것이다. 또 이것은 당연한 주장이기도 하다.

그런데 에피쿠로스여, 만일 우리의 자손에 대한 사랑이 자연적으로 우리에게 부여되어 있지 않다면, 우리는 어떻게 사교적일 수 있겠는가? 어찌하여 그대는, 현자에게 충고하여 아이들을 양육하여서는 안 된다고 말하는가? 어찌하여 그대는, 그가 그 일로 고민하는 것을 걱정하는가? 현자가 집에 있는 쥐 때문에 고민할까? 생쥐가 현자 앞에서 운다고 해서, 현자에게 무슨 영향을 줄 수 있단 말인가? 그러나 에피쿠로스는 어린아이가 태어나면, 사랑하거나 관심을 갖지 않

1) 에피쿠로스: B.C. 341~270, 그리스의 철학자. 아테네에서 한 학파를 세워 그 개조가 되었다. 그는 키레네학파의 쾌락설을 계승하여, 쾌락을 행복하고 덕 있는 생활의 최고 원리로 삼았다—역주

으려고 하여도 불가능함을 잘 알고 있는 것이다.

2. 이성을 가진 자는 공사에 관여하지 않는다. 왜냐하면, 이러한 일에 관여하는 자는, 어떤 일을 해야 하는가를 잘 알고 있기 때문이라고 에피쿠로스는 말한다. 그러나 인간이 그 시민들 사이를 마치 파리 떼 사이를 지나가는 것처럼 왕래한다면, 그가 공사에 관여하는 것을 무엇이 훼방할 수 있겠는가? 그러나 에피쿠로스는 그렇지 않다는 것을 알면서, 즉 분별 있는 사람에게는 아이들이나 시민들은 쥐나 파리와 같은 존재가 아님을 알면서—여전히 우리는 아이들을 기를 것이 못 된다고 말하는 것이다. 그러나 양이나 늑대도 그 새끼를 버리지 않는다. 하물며 인간이 자기 자식을 버려야 한단 말인가? 그대는 무엇을 원하는가? 우리가 양처럼 우매하기를 원하는가? 그러나 양은 자기 새끼를 버리지 않는다. 혹은 늑대처럼 사납기를 원하는가? 늑대도 자기 새끼를 버리지 않는다. 자기 자식이 세상에 태어나 울음을 터뜨리는 것을 들었을 때, 누가 그대의 말을 믿겠는가? 그대의 부모는 신탁에 의해 그대가 나중에 커서 이러한 말을 하리라는 것을 알게 되더라도, 그대를 버리려고 하지 않았을 것이다.

3. "그러나, 이러한 일들에 대하여, 그것이 자연에 적합한지 혹은 위배되는지 어떻게 말할 수 있겠는가?" 이것은 우리가 고립되어, 타인과 아무런 관계가 없을 때 비로소 말할 수

있는 것이다. 나는 다리에 대하여는 그것이 깨끗한 것이 자연에 적합하다고 말하고자 한다. 그러나 그대는 다리가 하나의 고립된 존재가 아니라고 생각한다면, 진흙 속에 들어가거나 가시를 밟거나, 또 때로는 전신을 위해 절단되는 일이 있더라도, 이를 부당하다고 생각하지 않을 것이다. 그렇지 않다면 그것은 벌써 다리가 아니다.

4. 우리는 이와 마찬가지 사실을 자기 자신에 대하여도 생각해 보아야 한다. 그대는 대체 어떠한 존재인가? 하나의 인간이다. 그대 자신을 단지 한 생물로 생각해 보라. 그 경우에는 늦게까지 생존하여 부자가 되거나 건강을 유지하는 것이 자연에 적합하다. 그러나 그대 자신을 인간으로서 간주하고 어떤 전체의 한 부분으로 생각한다면, 전체를 위해서는 때로는 병에 걸리고 때로는 항해를 하여 위험에 빠지며, 또 때로는 궁핍에 시달림을 받고 일찍 세상을 떠나는 것이 그대에게 적합한 일인지도 모른다.

5. 그런데 어찌하여 그대는 그것이 싫다는 것인가? 그대는 그 다리만으로는—실은 다리가 아니라 그대만으로는—인간이 아님을 알지 못하는가? 인간이란 대체 무엇인가? 그것은 국가의 한 부분이다. 즉 신들과 인간으로 성립되어 있는 국가의 한 부분이며, 나아가서는 이 국가의 배경을 이루고 있는 우주의 한 부분이다.

6. "그렇다면 나는 지금 법정에 호출되어야 하는가? 그리고 어떤 사람은 지금 열병에 걸리고 다른 사람은 항해를 하며, 또 다른 사람은 죽거나 사형 선고를 받아야 하는가?" 그렇다. 이러한 육신으로 이런 우주 속에 살며 이런 사람들 가운데 거주하는 한, 이런 여러 가지 일이 여러 사람들에게 일어나는 것은 불가피한 것이다. 그렇다면 그대가 이 세상에 태어난 이상, 할 말을 하고, 이러한 일을 적당히 처리하는 것이 그대의 임무가 아니겠는가?

7. 어떤 사람은 말한다. "나는 그대의 그릇된 행위를 법정에 고발하련다" 하고. 그 일이 그대를 크게 이롭게라도 하는 것처럼. 그리하여 자기가 마땅히 할 일을 한 것으로 생각한다—그대는 참으로 그대가 해야 할 일을 하였는가를 스스로 검토해 보라. 왜냐하면, 여기에도 잘 검토해 보지 않으면 발견할 수 없는 위험이 깃들여 있을 우려가 있기 때문이다.

3. 에피쿠로스파 및 아카데미파의 학도에게

1. 건전하고 진실한 신념은 이를 부정하는 사람들까지도 필연적으로 작용하게 마련이다. 그리고 어떤 일이 명백한 진실성을 지니고 있다는 최대의 증거는, 이 일을 부정하는 사람들까지도 이를 행사하지 않을 수 없다는 데 있다. 그러므로

어떤 사람이 보편적으로 진실한 무엇이 이 세상에 존재함을 부정한다면, 그 사람은 반대의 이론—세상에는 보편적인 진실은 없다는 부정을 긍정해야 하는 것은 명백한 일이다. 비천한 자여! 비단 이뿐만 아니라, 이윽고 세상에 어떤 보편적인 것이 있다면, 그것은 거짓이라고 말해야 하는 것이다.

2. 또 어떤 사람이 와서 "어떠한 사물도 이를 알 수 없으며, 또 만물은 증명할 수 없다는 것을 인정하라"고 말하고, 다른 사람은 "나를 믿으라, 그리고 사람은 아무도 믿어서는 안 된다는 생각은, 그대를 이롭게 할 것이다" 하고 말하며, 또 어떤 사람은 "어떠한 일도 이를 배울 수 없다. 이 사실을 나는 그대에게 말하고자 한다. 그리고 만일 그대가 원한다면 이것을 그대에게 가르쳐 주겠다" 하고 말하는 것이다. 이러한 사람들은—나는 여기서 누구를 지적하면 좋겠는가?—자칭 아카데미파라고 하는 자들과 어떤 점에서 다른가? "동의하라, 오 사람들이여! 인간은 무슨 일에 대하여도 동의할 수 없음을 동의하라. 그리고 인간은 아무도 믿을 수 없다는 우리말을 믿어라" 하고 아카데미파의 사람들은 말하는 것이다.

3. 그리하여 에피쿠로스는 자기가 사람과 사람 사이의 본연의 우정을 버리려고 할 때, 스스로 자기가 버리려는 것 자체를 범하는 것이다. 그는 말하고 있다. "오 사람들이여, 기만당하지 말라, 미혹당하지 말라, 그리고 잘못을 저지르지

말라—이성을 가진 생물 사이에는 자연적인 우정이란 없는 것이다. 내 말을 믿어라! 이와 다른 주장을 하는 사람은 궤변으로 우리를 기만하는 것이다" 하고. 우리가 기만당한들 에피쿠로스여, 그것이 그대에게 무슨 관계가 있단 말인가? 우리가 기만당하는 대로 방치해 두라. 만일 다른 사람들이 저마다 우리는 서로 자연적인 우정을 갖고 있으며, 또 이를 반드시 유지해야겠다고 설득당한다고 해서, 그것이 어찌하여 그대에게 한층 거북한 일이 되는가? 아니다, 오히려 더욱 좋은 일이고 또 안전한 일이 아닌가. 에피쿠로스여, 그대는 어찌하여 우리를 위해 걱정하여 밤잠도 제대로 자지 못하는가? 어찌하여 그대는 불을 켜 놓고 밤중까지 공부하는가? 어찌하여 그대는 아침에 일찍 일어나는가? 어찌하여 그대는 우리들 가운데서 어떤 사람들이 신이 우리를 위해 걱정하는 듯이 잘못 생각하거나, 선의 본질이 쾌락 이외의 것에 있는 것처럼 생각하는 것을 염려하여 많은 책을 서술하는가?

만일 그대가 말하는 것이 사실이라면 그대는 드러누워 잠이나 자고, 그대가 합당하다고 생각하는 벌레와 같은 생활을 하며 먹고 마시고 여자와 동침하며, 태평스럽게 코나 골고 있으라. 다른 사람이 이러한 문제에 대하여 올바로 생각하건 잘못 생각하건 그대와 무슨 관계가 있는가? 그대는 우리와 어떤 관계를 갖고 있는가? 그대가 만일 양이라도 된다면 다소의 관계를 갖고 있다. 털이 깎이고, 그 젖을 제공하고, 나중에는 그 목이 잘려, 우리에게 봉사를 하기 때문이다. 그렇다면 사람들이 스토아 학도에 의해 단잠을 자고 매혹되고, 머리칼이 잘리고, 젖까지 제공하기 때문에 그대와 그대의 동료들에게 몸을 맡기게 된다면, 그것은 바람직한 일이 아닌가? 그리고 이것은 그대의 형제인 에피쿠로스학파에 말하고자 하거니와—다른 사람들에 대하여는 이를 덮어두더라도, 우리는 우선 나면서부터 사교적이고 절제는 선한 것임을 여러 가지 방법으로 그들에게 설득시켜, 각각의 사물이 그대를 위해 보존되도록 해야 하지 않겠는가? 혹은 우리는 이 우정을 어떤 사람에게는 지키고 다른 사람에게는 지켜서는 안 되는가? 그렇다면 우리는 누구에 대하여 이것을 지켜야 하는가? 우리에게 같은 우정을 지키는 사람들에 대해서인가, 혹은 이를 범하는 사람들에 대해서인가? 그러나 이런 가르침을 베푸는 그대 이상으로 누가 이를 범하겠는가?

4. 에피쿠로스를 잠에서 깨워 그러한 글을 쓰게끔 그를 강요하는 것은 무엇일까? 그것은 인간 속에서 가장 강력한 것—즉 자연 자체가 아니겠는가? 불평을 말하며 시달림을 당하는 인간을 자기의 의지에 좇게 하는 것은 자연이다. 자연은 말한다. "그대는 인간들 사이에 우정이 없다고 생각한다면, 이를 서술하여 후대에 전하라. 이를 위해 밤잠을 못 자며

일함으로써 자기주장의 저주자가 되라" 하고. 그리하여 우리는 "오레스테스는 복수의 여신들에게 쫓겨 잠에서 깨어났지만, 더욱 잔인한 복수의 신들은, 에피쿠로스가 잠들 때 그를 깨워서 번번이 괴롭히는 것이다. 저 시빌라[2]를 섬기는 승려들을, 광기와 술이 (혼미에 빠뜨려 자기의 신체를 절단하거나 병신이 되게 하는 것처럼) 에피쿠로스로 하여금 억지로 악을 공언하게 하는 것이다"라고 말하고자 한다. 인간의 본성은 이와 같이 강력하며 따라서 타파하기 어려운 것이다.

5. 포도는 어떻게 하면 포도가 아니라 감람인 체할 수 있는가? 혹은 반대로 감람은 어떻게 하면 감람이 아니라 포도인 체 할 수 있는가? 그것은 불가능한 일이다. 또 생각할 수 없는 일이다.

거세된 인간도 인간으로서의 욕망에서 벗어날 수 없다. 그러므로 인간이 인간으로서의 감정을 완전히 상실한다는 것은 불가능한 일이다. 그리하여 에피쿠로스도 한 가정의 아버지로서, 시민으로서, 또 친구로서 인간에게 속하는 모든 것을 끊어 버렸지만, 인간의 소망 자체를 끊어 버릴 수는 없었다. 이것은 그가 능히 할 수 없는 일이기 때문이다. 이것은 마치 저 가엾은 아카데미 학도들이 열심히 힘을 기울였음에

---

2) 그리스 여신의 이름—역주

도 불구하고, 그들의 감각을 버리거나, 또 소경이 되게 하지 못하는 것과 같은 것이다.

6. 인간이 진리를 인식하기 위한 척도나 규칙을 자연으로부터 받고 이에 결여된 것을 보충하여 이를 완벽하게 하려는 연구를 하지 않고, 이와 반대의 일을 하는 것은 얼마나 부끄러운 일인가? 우리를 인도하며 진리에 이르게 하는 무엇이 있다면, 그들은 이것을 버리거나 파괴하려고 한다.

7. "철학자여, 그대는 무엇이라고 말하는가? 종교와 경건을 그대는 어떻게 생각하는가?"

"그대가 원한다면, 이것이 선임을 증명하고자 한다."

"그렇다면 증명해 달라. 우리의 시민들이 개종하여 신을 숭배하고, 가장 소중한 일을 등한히 하지 않도록."

"그대는 증거를 얻었는가?"

"그렇다. 그러므로 나는 고맙게 생각하고 있다."

8. "이제 그대가 이 증거를 얻어 기뻐하고 있으므로, 반대되는 일도 물어야 하겠다. 즉 이 세상에 신은 없다. 설령 있다고 하더라도 신은 인간에 대하여 관심을 갖고 있지 않다. 또 우리는 신과 아무런 교섭도 없다. 그리고 사람들이 말하는 종교나 경건은 기만자나 궤변가나 입법자가 나쁜 짓을 하는 자를 위협하고 압박하기 위한 거짓말이다."

"사실이다. 철학자여, 시민들도 그대로 말미암아 크게 이득을 얻을 것이다. 그대는 벌써 우리 청년들을 불러들여 신성한 것을 경멸하도록 한 것이다."

"웬일인가? 이 가르침이 그대의 마음에 들지 않는가? 그렇다면 정의는 무가치하고, 아버지도 무가치하고, 자식도 무가치한 까닭을 알라!"

"옳은 말이다. 철학자여, 젊은이들을 보복시켜 그대를 신뢰하게 하고, 그대의 이야기에 귀를 기울이는 사람들이 더욱 더 많이 그대의 주위에 모이도록 하라. 이러한 교훈에서 잘 통제된 국가가 탄생되고, 이러한 가르침에서 스파르타는 흥하고, 이러한 신념을 리쿠르고스는 자기의 법률과 또 그 훈련에 의하여 백성들 사이에 심어 넣었던 것이다. "노예도 자유인도 다 함께 명예로운 것도 아니고 천한 것도 아니다"라는 신념이 그것이다. 이러한 견해에 의해 테르모필레에서는 모든 용사들이 전사하였던 것이다. 또한 아테네 사람들 이 그 도시를 버리고(자기의 자유를 위해 이 도시를 페르시아 왕에게 맡긴 것은) 어떤 다른 견해에 의해서인가?

9. 그런데 이러한 말을 곧잘 입 밖에 내는 사람이 결혼을 하여 자식을 두고 공직에 참여하며, 승려가 되고, 점을 치는 데—대체 무엇을 점치려는 것인가? 실제로 존재하지 않는다고 그대가 말하는 신의 역사를 점치는가? 그들은 허위를 알아내기 위해 델포이의 신탁을 묻고 이를 다른 사람들에게

알리는 것이다. 그 얼마나 끔찍한 철면피이며 속임수인가!

4. 노예에 대하여

1. 어떤 사람이 신들을 기쁘게 할 수 있는 방법으로 음식을 먹으려면 어떻게 하는 것이 좋으냐고 물었을 때, 에픽테토스는 말하였다.

"만일 그대가 올바르고, 생각이 깊고, 마음이 평정되고, 중용을 지켜, 질서 정연하게 식사를 하면 신들을 기쁘게 할 것이다. 그러나 그대가 차를 부탁하여도 하인이 미처 듣지 못하는 경우가 있을 것이다. 또 들어도 미지근한 차를 가져오는 경우가 있을 것이다. 혹은 집 안에 있지 않는 경우도 있을 것이다. 그때 그대가 북받치는 분노를 참고 노여움을 터뜨리지 않으면 신을 기쁘게 할 것이다."

"그러나 어떻게 그런 하인의 소행을 용서할 수 있겠는가?"

"경박한 자여! 그대는 그대와 같은 씨에서 태어난 자식과 같이 같은 제우스의 자손이며, 같은 하늘의 후예인 그대의 형제를 인용하려고 하지 않고, 일단 남에게 명령을 내릴 수 있는 위치에 있기만 하면 곧 폭군으로 변하려는 것인가? 그대 자신이 어떤 존재이며, 그대가 누구를 지배하려고 하는가를 알지 못하는가? 그들은 본성에 있어서 그대의 혈족이며, 동포이며, 또 제우스신의 자손임을 상기하지 못하는가?"

"그러나 내가 그들을 돈으로 샀으며, 그들이 나를 돈으로 산 것이 아니다."

"그렇다면 그대는 지금 어디를 바라보고 있는가를 생각해 보라—대지의 방향인가? 파멸의 굴속인가? 혹은 허망한 인간이 만든 이 터무니없는 법률인가? 그렇다면 그대는 신의 법률을 보지 못하고 있는 것이다."

2. 그대 자신이 원치 않는 것을 남에게 강요해서는 안 된다. 그대는 노예가 되기를 원치 않는다. 그러므로 남도 그대의 노예가 되기를 원치 않는다는 것을 생각해 보라. 그대가 만일 노예를 거느리면, 우선 그대 자신이 노예와 별로 다를 것이 없다. 왜냐하면, 덕은 악과 아무런 관계가 없고 자유는 노예와 아무런 교섭이 없기 때문이다.

3. 건강한 자가 병자를 섬기기를 좋아하지 않으며, 또 자기와 함께 살고 있는 자가 병에 걸리는 것을 좋아하지 않는 것처럼, 자유인은 노예의 섬김을 받기를 좋아하지 않으며 또 자기와 함께 살고 있는 자가 노예인 것을 좋아하지 않는다.

5. 자유도시의 관리자

1. 도시의 관리자이며, 에피쿠로스학파에 속하는 자가 에픽테토스를 방문한 일이 있다. 그때 에픽테토스는 이렇게 말하였다.

"우리와 같은 무지한 자가(미지의 도시에 들어간 자가 시민이나 그 고장에 밝은 사람에게 길을 묻는 것처럼) 철학자인 그대들에게서, 이 세상의 가장 소중한 일이 무엇인가를 묻고 이것을 안 연후에—사람들이 도시의 사물에 대하여 그런 것처럼—이 중요한 것을 찾아 돌아다니며, 실제로 경험하려고 하는 것은 당연한 일이다"라고.

2. 인간과 관계되는 것에 세 가지가 있다. 즉 정신과 육체와 외부 세계이다. 이를 부정할 사람은 없을 것이다. 이제 이 가운데서 어느 것이 더 중요한가에 대하여 대답하는 것이 그대들과 같은 사람들이 해야 할 일이다. 우리는 사람들에게 어떻게 설명해야 할 것인가? 육체가 더 중요한가? 저 막시무스가 그들을 (에픽테토스에게) 보낸 것도, 그리고 그 자신이 아들과 함께 카시오페[3]까지 폭풍을 무릅쓰고 배를 타고 찾아간 것도 그가 육체적으로 무엇을 느끼고 싶었기 때문

---

3) 에피루스의 항구 이름. 에픽테토스가 제자들에게 가르침을 베푼 니코폴리스의 부근에 있음—역주

일까?

3. 그러나 이 에피쿠로스의 학도가 이를 부정하고, "그렇지 않다"고 말하였으므로 에픽테토스는 물었다.

"그러면 우리가 그 일—즉 중요한 일에 대하여 열중하는 것은 당연하지 않은가?"

"어느 일보다도 가장 열중해야 한다."

"그러면 우리가 갖고 있는 것 중에서 무엇이 육체보다 뛰어나 있는가?"

"정신이다" 하고 그가 대답하였다.

"고귀한 선은 저급한 선보다 더 뛰어나 있지 않는가?" 하고 에픽테토스는 물었다.

"고귀한 선이 더욱 뛰어나 있다."

"그런데 정신의 선은, 인간의 의지로 좌우할 수 있는 것인가? 그렇지 않으면 인간의 의지 이상의 것인가?"

"인간의 의지로 좌우할 수 있다."

"그러면 정신적인 기쁨은 의지의 힘으로 좌우할 수 있는가?"

그는 이에 동의하였다.

"그리고 이 기쁨은 어디서 오는가? 그 자신 속에서 오는 것일까? 그러나 이것은 생각할 수 없다. 왜냐하면, 우리는 선의 원형이 있고, 우리가 이에 접하였을 때 정신이 우리에게 기쁨을 느끼게 한다고 생각할 수밖에 없기 때문이다."

이에 대하여도 그는 동의하였다.

그러면 우리는, 어디서 이 정신적인 기쁨을 느끼게 될까? 만일 이 기쁨이 정신적인 사물 속에 있다면 선의 본질은 발견되는 것이다. 또 선은 정당하게 우리를 기쁘게 하는 것과는 다른 어떤 무엇일 수는 없으며, 또 원형이 선이 아니면 거기서 유래되는 것이 선일 수 없고, 유래되는 것이 선이 되기 위해서는 원형이 선이라야 하는 것이다. 그러나 이 사실은, 그대들이 제 정신을 갖고 있는 한 절대로 입 밖에 내지는 않을 것이다. 왜냐하면, 만일 그대들이 이와 같이 말하면, 에피쿠로스나 그대들 자신의 다른 의견과 맞지 않는 말을 하는 것이 되기 때문이다. 그리하여 우리 이 정신적인 기쁨을 육체적인 사물 속에서 의식하고, 또 이 육체적인 사물이 선의 근원이며 또 본질이라고 말할 수밖에 없게 된다.

4. 그러므로 막시무스가 그 항해를 육체 이외의 무엇을 위해 하는 것이라면, 그가 한 일이 얼마나 어리석은가! 또 어떤 사람이 재판관으로 타인의 것을 빼앗을 수 있는 위치에 있으면서 스스로 억제하여 이를 행하지 않는다면 그것은 얼마나 어리석은 일인가! 그러나 그대가 원한다면 우리는 어떻게 하면 이것을 몰래 그리고 안전하게 행하여 아무에게도 알 수 없게 할 수 있는가를 생각해 보자. 에피쿠로스 자신도,

남의 것을 훔치는 것은 악이 아니고 훔쳤다가 붙잡히는 것이 악이라고 말하고 있다. 그리하여 그는 발각되지 않을 보장을 할 수 없기 때문에 "그대들은 훔치지 말라"고 말하는 것이다.

그러나 나는 말하고자 한다—우리는 교묘하고 신중하게 훔치면 결코 붙잡히지 않을 것이다. 그뿐만 아니라 우리가 로마에 있는 남녀 가운데서 권세가 좋은 친구를 갖고 있으면, 그리스인들은 힘이 미약하므로 아무도 감히 도적을 법에 호소하기 위해 로마까지 가지는 못할 것이다. 그런데 어찌하여 그대는 자기 자신의 선을 행하지 않는가? 그것은 우매한 일이요, 또 부조리한 일이다. 그대가 자기는 이를 사양하고 있다고 말하더라도 나는 믿지 않을 것이다. 왜냐하면, 허위라고 생각되는 것에 찬동하고, 혹은 진실이라고 생각되는 것을 회피할 수 없는 것과 마찬가지로 신이라고 생각되는 것을 행하기를 주저하는 것은 불가능하기 때문이다.

그런데 재물은 선이며, 기쁨을 얻는 가장 유력한 방법이라면, 어찌하여 그대는 재물을 얻지 않는가? 또 우리의 행실이 남의 눈에 뜨이지 않게 할 수 있다면 어찌하여 우리는 이웃 사람의 아내를 범하지 않는가? 또한 만일 그 남편이 이에 대하여 항의한다면, 어찌하여 그를 다른 곳으로 내쫓지 않는가? 만일 그대가 진실하고 완전한 철학자로 자기주장에 충실하다면 그대는 이와 같이 행동해야 할 것이다. 그러나 그렇게 하면 그대들은 우리 스토아학파와 조금도 다르지 않게 되지 않는가? 사실 우리는 이 말을 했다가 저 말을 하고, 공정하고 성실한 말을 했다가 추악한 행동을 하고 있다. 그런데 그대들은 이와 반대이다—신조는 비속하지만 행위는 훌륭하다.

5. 신에게 맹세하여 말하거니와 대체 그대는 에피쿠로스학파의 사람들로 구성된 도시를 생각할 수 있는가?

"나는 결혼하지 않으련다."

"나도 동감이다. 그것은 옳지 못한 일이다. 그리고 자식을 낳거나 공무에 참여하는 것은 옳지 못하다."[4]

(각자가 이렇게 말한다.) 그러면 그 결과는 어떠할까? 어디서 우리는 시민을 찾아볼 수 있을까? 또 누가 그들을 교육하게 될까? 누가 청년의 감독자[5]가 될까? 누가 체육을 지도할까? 그리고 청년들은 어떻게 훈련을 받아야 할까? 스파르타 사람처럼, 또는 아테네 사람처럼 훈련을 받아야 하는가? 아무튼 청년들을 데리고 가서 그대의 그런 교의에 따라 교육해 보라. 그 교의는 잘못되어, 나라를 망치고 가정에 해를

---

4) 가족을 부양하거나 국가에 봉사하거나—이러한 일들은 우리의 인간의 정신적인 선에는 아무런 직업적인 관계가 없음을 가리킨다.
5) 그리스의 어떤 도시에서는 청년을 감독하는 자를 관리로서 임명하였다.

끼치며 부인들에게 적합하지 않다. 그러므로 이것을 버리도록 하라! 그대는 한 도시에 살고 있다. 이를 잘 다스리고 올바로 재판을 하며 남의 재산을 침해하지 않는 것은 그대의 임무이다. 그대의 아내 이외의 부인을 아름답다고 생각하지 말라. 금과 은으로 된 그릇도 그대의 눈에 탐스럽게 보여서는 안 된다. 이 말과 일치되는 교의를 구하라. 여기서 출발해야만 비로소 그대는 자기를 크게 유혹하여 압도하는 사물을 기꺼이 던져 버릴 수 있을 것이다. 만일 그 유혹에 빠져 그러한 사물에 애착을 갖게 하는 철학을 우리가 구한다면, 그 결과는 어떻게 될 것인가?

6. 조각가가 작품을 조각하는 데 있어서 무엇이 큰 역할을 하는가? 은인가? 기술인가? 손은 살로 되어 있다. 그러나 중요한 것은 손이 하는 일이다. 그리하여 의무도 세 가지가 있다—첫째는 우리가 존재하는 장소에 관한 것, 둘째는 우리의 존재에 관한 것, 셋째는 주요한 사물 자체이다. 인간에 있어서도 물질, 즉 그 육체를 존중하는 것은 옳지 못하다. 우리는 모름지기 중요한 일을 존중해야 할 것이다. 그런데 중요한 일이란 무엇인가? 공사에 참여하고, 아내를 가지며, 자식을 낳고 신을 섬기며 부모를 받드는 것 등, 일반적으로 말해서 각 사물의 성질대로, 그리고 자연이 우리에게 시키는 대로 각각의 사물을 추구하고 기피하며 희망하고 혐오하는 것

이다. 자연은 우리를 어떻게 만들었는가? 자유롭고 너그럽고 또 경건하게 우리를 만든 것이다. 왜냐하면, 인간 이외에는 얼굴을 붉히며 수치를 느끼는 자가 없기 때문이다.

7. 그리고 쾌락으로 하여금 이러한 것의 신하나 하인이 되게 하여, 우리의 정신을 새롭게 하고, 또 자연에 적합한 일을 해 나가라.

8. "그러나 나는 부자이므로 아무것도 필요로 하지 않는다." "그렇다면 어찌하여 그대는 철학을 배웠노라고 자랑하는가? 그대는 자기의 금과 은으로 된 그릇으로 만족하지 않는가? 그대에게 어떤 교리가 필요한가?"

"나는 그리스인의 재판관이다."

"그대는 재판을 어떻게 해야 하는가를 알고 있는가—그리고 누가 그대에게 그것을 가르쳤는가?"

"황제가 나에게 사령장을 주었다."

"이제 황제로 하여금 그대에게 음악을 평할 것을 명령하는 사령장을 쓰게 하라. 그러나 그것이 그대에게 무슨 소용이 있겠는가? 그대는 어찌하여 재판관이 되었는가? 누구의 손에 입을 맞춤으로써 재판관이 되었는가? 심포러스의 손인가, 혹은 누메니우스의 손인가?[6] 그대는 누구의 침실 앞에

---

6) 이 두 사람은 당시의 정치가였으리라 생각된다.

서 잤는가?[7] 그대는 누구에게 선물을 하였는가? 그대는 재판관이 되는 것이 누메니우스와 동등한 인간이 됨을 알지 못하는가?"

"그러나 나는 내가 원하는 자를 마음대로 투옥할 수 있다."

"그렇다. 그 사람이 마치 돌덩이가 되는 것처럼."

"나는 내가 원하는 자를 마음대로 때릴 수도 있다."

"그렇다. 마치 그 사람이 당나귀나 되는 것처럼. 그러나 그것이 인간을 지배하는 길은 아니다. 이성을 지닌 자로서 우리 인간을 지배하라. 우리에게 무엇이 이로운가를 보여 달라. 그러면 우리는 이에 따를 것이다. 그리고 우리에게 무엇이 불리한가를 보여 달라. 그러면 우리는 이것을 피할 것이다. 소크라테스가 그 제자들에게 모범을 보여 준 것처럼 우리를 그대의 모방자가 되게 하라. 소크라테스야말로 인간을 인간으로서 지배한 인물이었다. 그는 사람들로 하여금, 그 추구와 깊이와 욕망과 혐오에 있어서 자기를 본받게 하였던 것이다—'이것을 행하라. 이것을 행하지 말라. 그렇게 하지 않으면 나는 그대를 투옥할 것이다.'

이것은 이성을 지닌 자를 지배하는 길이 아니다. 그러나 "제우스 신이 명령한 대로 행하라. 만일 그대가 그렇게 하지

---

7) 아침 일찍 면회를 하기 위해서이다.

않으면 손해를 입을 것이다" 하고 말하는 것은 정당하다. 어떠한 손해인가? 그것은 다음의 한 가지 일이다—그대가 해야 할 일을 하지 않았다는 것이다. 그대는 성실과 경건과 예절을 잃어버릴 것이다. 이보다 더 큰 손해가 어디 있는가?

6. 치국의 도

1. 그대들이 도시의 성벽을 쌓아 올릴 때, 유비아(섬의 이름)나 스파르타의 돌로 아름답게 장식하지 말라. 그리스의 교훈과 학문을 시민이나 위정자의 마음속에 올바로 심어 넣어라. 도시가 훌륭하게 건설되는 것은 나무나 돌에 의해서가 아니라 인간의 사상에 의해서이기 때문이다.

2. 만일 그대가 집안이 잘되기를 바라면, 스파르타인 리쿠르고스의 선례에 따르도록 하라. 그는 성벽으로 도시를 에워싸지 않고, 도덕으로 시민들을 편안하게 살게 하여, 도시를 영원히 자유롭게 하였던 것이다. 그러므로 그대는 넓은 정원이나 높은 탑을 세우려고 하지 말라. 그대 가족들의 안정을 도모하려면 신의와 성실과 친절로써 대해야 한다. 그렇게 하면 해로운 것은 조금도 집안에 들어오지 못할 것이다. 재앙의 군대가 그대의 집을 에워싸더라도 한 발짝도 앞으로 나가지 못할 것이다.

3. 누가 리쿠르고스를 칭찬하지 않겠는가? 그가 한 시민의 손에 의해 그 한쪽 눈을 빼앗겼을 때, 사람들이 그 범인인 젊은이를 그의 뜻대로 처벌하기 위해 그에게 넘겨주었더니, 그는 벌을 주는 대신에 오히려 그가 착한 인간임을 가르치고 또 착한 인간임을 입증하여 그를 극장에 보내었던 것이다. 그리하여 사람들이 놀리는 것을 보고 그는 말하였다. "나는 이 사람을 교만하고 횡포한 인간으로서 그들에게서 인수하였지만, 이제 온순하고 예의 바른 인간으로서 그대들에게 돌려보낸 것이다."

7. 우정

1. 무릇 인간이 열중하는 것은(이를 추리하기는 결코 어렵지 않다) 자기가 사랑하는 것이다. 그렇다면 인간이 악한 것에 열중할 수가 있을까? 그런 일은 있을 수 없다. 혹은 자기에게 관계가 없는 일에 열중할 수 있을까? 열중할 수 없다. 사람들이 열중하는 것은 선한 일뿐이며, 그들이 이에 열중하면 또한 이를 사랑하게 되는 것이다. 그러므로 옳은 일을 행하는 자는 누구나 그 일을 사랑하는 방법을 알고 있을 것이다. 그런데 선악을 분별하지 못하는 사람이 어떻게 이를 사랑할 수 있겠는가? 그러므로 사랑은 현자만이 갖는 것이다.

2. 어떤 사람은 말한다. "나는 우매하다. 나는 어리석기 짝이 없다. 나는 자식을 사랑하는데, 이것은 어찌 된 영문인가?" 하고. 그러나 나는 그대가 자기를 어리석다고 인정하는 말로 이야기를 시작하는 것을 놀랍게 생각한다. 무엇이 그대에게 결핍되어 있단 말인가? 그대는 자기의 감각기관을 사용할 수 없는가? 표상을 판단할 수 없는가? 육체가 필요로 하는 의식주를 자기에게 공급할 수 없는가? 그렇지 않다면 어찌하여 그대는 자기를 어리석다고 생각하는가? 이것은 분명히 그대가 때때로 표상에 의해 혼란과 괴로움을 당하고 이에 압도되어 있기 때문이다. 동일한 것을 때로는 선이라고 생각하고 때로는 악이라고 생각하며, 또 때로는 선도 악도 아니라고 생각한다. 요컨대 그대는 슬픔, 공포, 질투, 번민 등에 사로잡혀 있는 것이다—그리하여 이러한 일에 대해 그대는 자기를 어리석다고 말하는 것이다.

3. "그런데 그대는 사랑에 있어서는 결코 변하지 않는가? 그대가 어느 때는 선이라고 생각하고, 또 어느 때는 악이라고 생각하는 것은 부와 쾌락, 요컨대 사물 자체에 대해서뿐인가. 같은 인간을 어느 때는 선하다고 생각하고 어느 때는 악하다고 생각하는 일은 없는가? 또 어떤 때는 그를 칭찬하고 어떤 때는 비난하는 일이 없는가?"

"그렇다. 나는 그러기도 한다."

"누가 어떤 사람에 대하여 오해를 할 때, 그대는 그가 그 사람의 친구가 될 수 있다고 생각하는가?"

"그것은 안 될 말이다."

"사소한 기분에 의해 어떤 사람을 친구로 삼은 자가 그에게 호의를 가질 수 있을까?"

"그것도 안 될 말이다."

"어떤 사람을 욕하다가도 나중에 칭찬을 하는 사람은, 그에 대하여 호의를 가질 수 있을까?"

"호의를 가질 수 없다."

"그대는 강아지를 본 일이 있는가? 강아지들이 꼬리를 치며 서로 희롱하는 것을 보면, 그대는 세상에 이보다 더 귀여운 것은 없다고 말할 것이다. 그러나 우정이 무엇인가를 알기 위해서는 한 조각의 고기를 그들에게 던져 줄 필요가 있다. 그렇게 하면 그대는 곧 알게 될 것이다. 그리고 그대와 그대의 자식 사이에 약간의 땅을 던져 놓아 보라. 그렇게 하면 그대의 자식은 그대가 빨리 죽기를 원하며, 그대는 자식이 죽기를 원하는 것을 알 수 있을 것이다. '나는 얼마나 어처구니없는 자식을 길러 왔던가? 오랫동안을 두고 그 녀석은 나를 희생시키고 있는 것이다.'"

그대들 사이에 아름다운 소녀를 던져 보라. 그러면 늙은이나 젊은이나 다 앞을 다투어 그녀를 사랑할 것이다. 혹은 명예나 오락을 던져 보라. 이 경우에도 역시 마찬가지일 것이다. 즉 그대들은 아드메토스의 아버지처럼 말할 것이다.

"태양은 그대를 기쁘게 한다. 나는 기쁘게 하지 않는 줄 생각하느냐? 그대는 빛을 사랑한다. 나는 암흑을 사랑하는 줄 생각하느냐?[8)]"

이 아버지는, 그 아들(아드메토스)이 어렸을 때 사랑하지 않았으리라고 그대는 생각하는가? 그리고 그 자식이 열병에 걸렸을 때 마음 아파하며, "이 아이 대신에 내가 열병에 걸렸으면 오죽 좋을까?" 하고 몇 번이나 되뇌지 않았다고 그대는 생각하는가? 그러나 자식에게 시련이 닥쳤을 때, 그 자식은 무슨 말을 입 밖에 내는가? 또한 에테오클레스와 폴리네이케스는 어머니와 아버지가 같지 않았던가? 그들은 함께 양육되고, 함께 생활하고, 함께 마시고, 함께 자고, 때때로 함께 입을 맞추지 않았을까? 그러므로 그들의 모습을 본 사람들은 누구나, 철학자들이 우애에 대하여 하는 말은 무리하다고 비웃을 것이다. 왕위가 한 조각 고깃덩이처럼 그들[9)]

8) 아드메토스는, 자기 대신에 다른 사람이 죽지 않으면 자기가 죽어야 한다는 신탁을 받고, 자기 아버지는 나이가 많으므로, 죽여서 자기의 목숨을 건지려고 하였다. 이것은 그 아버지가 그때 아들에게 한 말이라고 전해지고 있다.

9) 이 두 사람은 오이디푸스왕의 아들로 쌍둥이다. 오이디푸스왕이 죽은 후에 왕위를 두고 싸웠다.

사이에 떨어졌을 때 서로 주고받은 말을 들어 보자.

폴리 "너는 전쟁터에 나가 어디 서 있으려고 하느냐?"

에테 "그것을 왜 묻느냐?"

폴리 "나도 그 곳에 섰다가 너를 찔러 죽이려고…"

에테 "나도 똑같은 생각을 하고 있다."

4. 어떤 생물도 자기의 이익처럼 귀한 것은 없다. 이 점에 기만되어서는 안 된다. 이것을 훼방하는 것처럼 보이는 것은 아버지건, 자식이건, 친구건 또는 애인이건, 그는 이를 증오하고 탓하고 또 저주할 것이다. 왜냐하면, 자연은 자기 이익 이외에는 아무것도 존중하지 않도록 만물을 창조하였기 때문이다. 다시 말하면 자기 이익이야말로 아버지요, 형제요, 친척이요, 국가요, 그리고 신인 것이다. 그러므로 신들도 자기의 이익을 훼방하는 것으로 보일 때는, 이를 탓하고 그 초상을 뒤집어엎으며, 그 신전을 불살라 버릴 것이다. 마치 알렉산더가 친구가 죽었을 때, 아스클레피오스 의 신전을 불살라 버리도록 명령한 것처럼.

5. 그러므로 사람들이 이익과 경건, 미와 조국, 양친과 친구들을 동일한 존재로 간주한다면, 이 모든 것은 보존될 것이다. 그러나 그가 한쪽의 이익을 취하고, 친구와 조국과 동족과 나아가서는 정의에서 이득을 취하지 않으면, 이것들은 모두 멸망할 것이다. 왜냐하면 이득이 이들을 극복해 버리기

때문이다. 나와 나의 것이 존재하는 곳에는 생물은 필연적으로 관심이 기울어지게 마련이다. 그것이 육체에 존재하면 무상의 특권은 여기에 머물며, 그것이 의지에 존재하면 역시 무상의 특권은 여기에 머문다. 또한 그것이 외부적인 어떤 사물에 존재하면 무상의 특권은 또 거기에 머문다. 그러므로 나의 것인 나가, 나의 의지가 존재하는 곳에 있으면, 그때에 비로소 나는 진정한 의미에 있어서 친구일 수 있고 자식일 수 있고, 또 아버지일 수 있다. 왜냐하면 이 경우에는 성실, 경건, 인내, 절제, 구제의 마음을 갖고 이런 인간관계를 유지하는 것이 나의 이익이 되기 때문이다. 그러나 내가 나 자신을 어떤 다른 곳에 두고, 또 덕을 이와 다른 곳에 두면, 에피쿠로스의 말은 일리가 있을 것이다. 그는 덕이 존재하지 않는다는 것, 혹은 적어도 덕은 허위에 불과하다고 말하고 있는 것이다.

6. 이것을 몰랐으므로, 아테네인은 스파르타인과 싸우고, 테베인은 이 양자와, 페르시아 대왕은 그리스인과 또 마케도니아인은 이 양자와 싸우고, 오늘도 로마인은 게테족과 싸우는 것이다. 이에 의해 옛날에 트로이 전쟁도 일어났던 것이다. 트로이의 왕자 파리스는 메넬라오스 왕의 귀빈이 되었다. 그리하여 그들이 서로 깊은 우정을 갖게 된 것을 본 사람은 저마다 그들을 친구라고 믿었을 것이다. 그러나 한 조

각 음식물(한 사람의 아름다운 여인)이 그들 사이에 던져졌을 때, 그녀를 에워싸고 전쟁이 일어났던 것이다. 그러므로 그대들은 일심동체인 것처럼 생각되는 친구나 형제를 볼 때, 이것으로 그들의 사랑에 대하여 함부로 이야기해서는 안 된다. 그뿐만 아니라 그들이 사랑을 맹세하거나 또는 그들이 도저히 떨어질 수 없다고 공언하더라도, 이것으로 그 사랑을 믿어서는 안 된다. 왜냐하면, 하잘것없는 인간의 지배 능력 속에는 신의란 존재하지 않기 때문이다. 그것은 불안정하고, 불가해하며 계속해서 일어나는 표상의 회생이 되기 때문이다. 그러므로 그들을 평가할 때, 사람들이 흔히 하는 것처럼 그들이 같은 부모에게서 태어나고 같은 선생 밑에서 함께 교육을 받았다는 점에 의거하지 않고, 다만 그들이 자기 이익을 외부의 사물에 두느냐 혹은 의지에 두느냐 하는 데 의거해야 한다. 만일 외부의 사물에 둔다면, 이러한 사람을 성실하고, 건실하고, 대담하고, 자유를 누린다고 할 수 없는 것처럼, 친구라고 불러서도 안 된다. 아니, 만일 그대들에게 분별력이 있다면 그들은 인간이라고 불러서도 안 된다. 사람들로 하여금 서로 뜯게 하고 탓하게 하며 거친 벌판이나 광장이나 산속을 헤매며, 도적의 본성을 보여 주기 위해 법정에 나가게 하는 견해에는 인도적인 것이 조금도 내포되어 있지 않는 것이다. 또는 사람들로 하여금 주정뱅이나 간통하는 사람, 또는 유혹하는 사람이 되게 하는 것, 그리고 그들과 그들의 것은 이 의지 이외의 사물 속에 존재한다는 이 유일한 견해에 의하여, 여러 가지 나쁜 일을 서로 저지르게 하는 사상은 모두 인도적인 면을 조금도 갖고 있지 않은 것이다.

그러나 그대는, 의지가 있는 곳, 정신을 정당하게 사용하는 곳에만 선이 존재함을 그들이 믿고 있다는 것을 알게 되면, 그 때는 그들이 부자나 형제나 친구로서 오랫동안 친하게 지내왔는가의 여부를 물어볼 필요가 없다. 다만 이 한 가지 일만으로 그들이 친구이며, 성실하며, 정의를 존중한다고 확신하여도 무방하다. 왜냐하면, 성실과 경건과 덕이 있는 곳에만 우정의 길이 있기 때문이다.

7. "그러나 누군가 오랫동안 나에게 호의를 보여 주었다. 그렇다면 그는 나의 친구가 아니겠는가?"

"어리석은 자여, 그 사람이 자기의 구두를 닦거나, 가축을 돌보는 것과 같은 의미에서 그대에게 친절을 베풀었는지 어떻게 아는가? 도구로서의 그대가 마지막에 가까웠을 때, 그가 그대를 깨어진 그릇처럼 내던지지 않는다고 어떻게 장담할 수 있는가?"

"그러나 그녀는 나의 아내로서 오랫동안 같이 살아왔었다."

"에리필레는 암피아라오스와 오랫동안 함께 살며 많은 자녀를 둔 어머니가 아니었던가? 그런데 그들 사이에 목걸이가 던져졌다. 목걸이[10]란 무엇인가? 그것은 사람들이 이에 대하여 갖고 있는 견해이다. 그것은 야수적인 성질이며, 사랑의 분열이며, 여인에게 아내이기를 용납하지 않고, 어머니에게 어머님임을 허용하지 않는 것이다. 그러므로 그대들 중에서 자기가 타인의 친구가 되고 또 타인을 친구로 삼으려고 하면, 이 견해를 버리고, 이 견해에 대하여 증오를 느끼며, 이것을 그 마음속에서 추방해야 한다.

8. 이리하여 그는 자기를 탓하지 않고 자기와 싸우지 않게 될 것이며, 마음이 좀처럼 변하지 않고, 자기를 괴롭히는 일이 없을 것이다. 그리하여 자기를 닮은 타인에게는 자기 자신에 대하는 것과 같이 하고, 자기를 닮지 않는 타인에게는 참고 온순하게 대하며, 또 그들을 배우지 못한 자로서, 즉 가장 중요한 일에 대하여 혼미한 자로서 너그럽게 용서할 것이다. 그러나 그는 아무도 진리를 빼앗기는 것을 기뻐하지 않는다는 플라톤의 가르침을 굳게 지키고 있으므로 누구에게 대해서도 몰인정하지 않을 것이다.

9. 설령 그대들이 이렇게 할 수 없더라도, 친구들 사이에

10) 폴리네이케스는 에리필레에게 목걸이를 선물로 보내 왔으며 그녀는 남편 암피아라오스를 설득하여 폴리네이케스와 함께 테베를 향해 진군하게 하였다. 그리하여 그곳에서 암피아라오스는 전사하였다.

흔히 지키는 일을 지장 없이 해나갈 것이다. 그리하여 함께 마시고 함께 기거하고 함께 항해할 것이다. 또한 같은 양친을 섬기는 경우도 있을 것이다. 뱀이 그러하다. 그러나 이러한 사람들은 친구가 아니다. 그대들도 이 저주받은 짐승의 가르침에 따르는 한 친구가 아닌 것이다.

8. 시간과 변화

1. 타인의 악덕으로 그대의 재앙이 되게 하지 말라. 그대는 타인과 함께 비천해지고 불행해지기 위해 이 세상에 태어난 것은 아니다. 그대는 그들과 함께 행복하게 살기 위해 태어난 것이다. 세상에 불행한 사람이 있다면, 그것은 자업자득임을 잊어서는 안 된다. 신은 본래 모든 사람들을 행복하게, 그리고 더 나은 처지에 있도록 창조하였기 때문이다. 이 목적을 위해 신은 각자에게 어떤 것은 자기에게 속하는 것으로서, 다른 것은 자기와 관계없는 것으로서 부여하고, 이에 의하여 (행복에 도달할 수 있는) 방법과 기회를 허용한 것이다. 훼방을 받거나 강요되거나 손실을 보는 것은 자기 자신에게 속하는 것이 아니며, 훼방을 받지 않는 것이 자기 자신에게 속하는 것이다. 그리고 우리를 위해 염려하고, 아버지로서 우리를 길러 준 신은 선과 악의 본질을 우리 자신

과 관계있게 하였다. 그렇게 하는 것이 정당하기 때문이다.

2. "나는 어떤 사람과 절교하였다. 그리하여 그 사람은 이를 슬퍼하고 있다."

"그는 어찌하여 외부의 사물을 자기에게 속하는 것으로 생각하는가? 그가 그대를 좋아할 때 그대는 무상한 존재로, 외국에 자주 여행하는 자임을 미처 생각하지 못하였다. 그러므로 그는 자기의 우매한 데 대한 보상을 받고 있는 것이다. 그런데 어찌하여 그대도 애석하게 생각하는가? 그대도 이것을 미처 생각하지 못하였는가? 어리석은 여인처럼, 그대가 영원한 우정을 지속시킬 수 있을 것으로 생각하고, 그대를 기쁘게 하는 모든 것과—장소나 인간이나 오락 등—함께 살아왔던가? 그리하여 그대는 이제 동일한 인간을 볼 수 없게 되고, 동일한 장소에 출입할 수 없게 되어, 주저앉아서 울상이 되어 있는가? 실로 그대가 까마귀 족속보다 더 가련한 자인 것은 자업자득이다. 까마귀는 원하는 곳에 마음대로 날아가고, 그 둥지의 위치를 변경하며 바다를 건너가고, 뒤에 남긴 것에 대하여 슬퍼하거나 그리워하는 법이 없는 것이다."

"그렇다. 그러나 그것은 까마귀에게 이성이 없기 때문이다."

"그러면 이성이 신에 의하여 우리에게 주어진 것은, 우리를 불행이나 재앙에 빠지게 하기 위해서인가? 실로 모든 사람들로 하여금 영생을 누리게 하라. 아무도 외국에 이주하지 않고 우리 자신도 다른 데 미동하지 않으면, 식물처럼 한 고장에 뿌리를 박고, 친구의 한 사람이 떠나면 주저앉아 울다가 다시 돌아오면 아이들처럼 기뻐 날뛰며 손뼉을 치게 하라!"

3. 이제야 우리는 드디어 젖에서 떠나, 철학자들에게서 들은 것을 상기해야 하지 않겠는가? 우리가 그들의 말을, 마술사의 주문으로서 들은 것이 아니라면—철학자들은 이렇게 말하였다. "우주는 하나의 국가이다. 그리고 그것을 만든 실체는 하나이다. 또한 거기에는 필연적으로 어떤 주기가 있어야 한다. 그리하여 어떤 것은 다른 것에 자리를 비워 주고, 어떤 것은 분해되어 버리며, 어떤 것은 나타나고 또 어떤 것은 한 곳에 정주하며, 다른 것은 움직이며 활동하게 마련이다. 그러나 모든 것은 사랑에 충만해 있다. 첫째로 신의 사랑에, 둘째로 인간의 사랑에—이리하여 인간은 서로 사랑하게끔 자연에 의해 만들어져 있다. 그리하여 어떤 사람은 함께 살고, 어떤 사람은 헤어지며, 함께 사는 사람들은 서로 즐거워하고, 사라져 가는 사람들에 대하여는 슬퍼하는 일이 일어나게끔 되어 있다. 그들은 말한다. 인간은 천성이 너그러우며 의지에 속하지 않은 것은 이를 경시한다. 그리고 이러한 성질을 갖게 되는 까닭은 한 곳에 뿌리를 박기 위해서

도 아니고, 땅속에서 자라기 위해서도 아니다. 어떤 때에는 여러 가지 필요에 의해 움직이고, 어떤 때에는 그가 보고 싶은 것 때문에 한 곳에서 다른 곳으로 옮겨 가기 위해서이다.

4. 오디세우스의 경우가 이러한 것이었다.

"그는 많은 사람들이 모여 사는 도시를 알고 있었다. 그리고 많은 사람들의 마음을 알고 있었다."(오디세이아 1, 3)

더욱 이전에 더듬어 올라가 전 세계를 돌아다닌 헤라클레스도 그러하였다.

"사람들의 모든 무질서와 그리고 질서 있는 정치를 보기 위해"(오디세이아 17, 487)

그는 전자를 정화시키고 후자를 도입하였다. 그리고 테베의 서울에서 얼마나 많은 친구를 가졌던가? 아르고스에서 그리고 아테네에서 얼마나 많은 친구를 가졌던가? 그리고 여행하는 동안에 얼마나 많은 친구를 가졌던가? 그는 때가 되었다고 생각되자 아내를 맞이하여 자식을 낳았다. 그리하여 슬픔도 회한도 없이 살다가 죽었지만 그들은 고아로서 남겨 두지는 않았다. 왜냐하면, 그는 세상에 고아를 인정하지 않고, 언제나 모든 사람을 양육하는 "영원의 아버지"가 있음을 알고 있었기 때문이다.

그는 단지 제우스가 인류의 신이라는 것을 들었을 뿐만 아니라, 제우스를 자기의 친아버지로 생각하고, 신을 아버지라고 부르며, 신을 바라보면서 모든 행동을 하였던 것이다. 이리하여 그는 어느 곳에 가나 행복하게 살 수 있었다.

5. 왜냐하면, 행복과 존재하지 않는 것에 대한 갈망은 결코 양립되지 않기 때문이다. 행복은 우리의 뜻대로 되어야 한다. 그것은 음식을 배불리 먹은 사람과 같다. 그것은 시장기도 갈증도 느끼지 않는다. "그러나 오디세우스는 아내가 그리워 바위 위에 앉아서 울고 있었다."(오디세이아 5, 82~84) 그대들은 호머와 그 작품에 나오는 모든 이야기를 그대로 믿고 있는가? 그가 참을 실토하였다면 그는 불행한 사람이 아니었을까? 그런데 어떤 선인이 불행하였단 말인가? 이에 제우스신이, 자기의 시민들이 자기와 마찬가지로 행복하도록 유의하지 않으면 전 세계는 엉망이 될 것이다. 그러나 이것은 상상하는 것만도 부당하며, 또 경건치 못한 일이다. 그러나 오디세우스가 실제로 울면서 슬픔에 잠겼다면 그는 분명히 선량한 인간이 아니었던 것이다. 선량한 인간이라면 자기가 어떤 존재인가를 아는 것이다. 또 자기를 아는 사람이라면, 만물은 사멸된다는 것과 두 사람이 영원히 함께 살 수 없다는 사실을 잘 알고 있다. 불가능한 것을 원하는 것은 천하고 어리석은 일이며, 그가 할 수 있는 유일한 길은—자기 자신의 의견에 의해 신에 항거하여 싸우는 것은, 신의 세계에 있어서의 이방인과 이단자의 일이다.

6. "그러나 나의 어머니는 나를 보지 못하면 비탄에 빠진다."

"어찌하여 그녀는 이런 가르침을 배우지 못하였는가? 그러나 나는 그녀의 슬픔을 막는 것이 우리의 할 일이 아니라고 말하지는 않는다. 다만 우리가 자기 소유가 아닌 것을 원함은 옳지 않다는 것이다. 남의 슬픔은 남의 것이고, 자기 슬픔은 자기 것이다. 그러므로 나는 자기의 슬픔에 단호히 종지부를 찍으려고 한다. 왜냐하면 이것은 내가 할 수 있는 일이기 때문이다. 그리고 남의 슬픔도 내 힘이 미치는 한 종식시키려고 생각하지만, 이것은 내가 단호히 행하려고는 생각하지 않는다. 왜냐하면, 그렇게 하면 나는 신과 싸우는 것이 되기 때문이다. 나는 결국 전 세계의 정치를 하는 신에게 항거하는 것이 될 것이다. 그리하여 신에 대항하는 항쟁으로 말미암아, 그리고 이 어리석음으로 인하여 나의 자식뿐만 아니라 나도 밤낮으로 벌을 받을 것이다. 나는 밤의 환영에 의해 잠자리에서 벌떡 일어나 안절부절못하고, 다른 사람이 전해 주는 소식을 들을 적마다 몸서리치며, 마음의 평화가 교란될 것이다(사자가 로마에서 왔다. 무슨 흉한 소식이라도 있지 않는가). 그러나 그대가 살고 있지 않는 먼 곳에서 일어나는 흉한 일이 그대에게 닥칠 수 있을까? (그리스에서 기별이 왔다. 불길한 소식이 아니면 좋으련만)—이리하여 어떠한 장소도 그대에게는 재앙의 원천이 될 것이다. 그대가 현재 살고 있는 곳에서 당하는 불행만으로 그대에게는 충분하지 않는가? 멀리 바다를 건너서 편지로 전해 온 불행까지 겹쳐야만 충분한가? 이러한 일들이 현재 그대에게서 일어나고 있는 불행을 입증하는가?"

"그러나 타향에서 친구가 죽었다는 기별이 오면 어떻게 하겠는가?"

"그것은 죽어야 할 운명을 지닌 자가 죽어간 것이 아니겠는가? 그대는 늙어서까지 오래 살기를 바라면서 자기가 사랑하는 자의 죽음을 절대로 보지 않으려고 하지만, 세상에서 그럴 수는 없지 않는가? 오랜 세월이 흐르는 동안에는 여러 가지 일들이 변화하며—열병이 어떤 사람을 넘어뜨리고, 강도가 다른 사람을 죽이며, 폭군이 또 다른 사람을 살해한다는 것을 그대는 미처 모르고 있는가? 이것이 우리의 환경이요, 또 우리의 동반자이다. 추위와 더위, 건강을 해치는 생활, 여행, 항해, 바람, 그 밖의 여러 가지 일들이 일어나, 어떤 사람을 죽이고, 어떤 사람을 추방하며, 또 어떤 사람을 사절로 보내고, 어떤 사람을 싸움터로 보내는 것이다. 이 모든 일이 일어날 적마다 그대는 주저앉아서 무서워하며 슬퍼하고 실망하고 불행하게 살아가라. 그리고 하인에게 의지하라. 한두 사람이 아니라, 수만 명에게 의지하라."

7. 이것이 그대가 철학자들에게서 배운 것인가? 이 세상에서 살아가는 우리의 일은 전쟁이며, 한 사람은 보초로 서고, 한 사람은 정찰을 나가고, 또 한 사람은 싸워야 한다는 것을 그대는 모르는가? 모든 사람이 동일한 일을 할 수는 없다. 설령 그런 일이 있더라도 그것은 달갑지 않는 것이다.

그런데 그대들은 지휘자의 명령에 순종하는 것을 게을리하고, 좀 어려운 일을 맡으면 곧 불평을 한다. 그리고 그대들이 행동으로 다른 군대에게 어떠한 영향을 주는가를 그대들은 모르고 있다. 그러므로 모든 사람들이 그대들의 행동을 따르려고 한다면 참호를 파거나, 성벽을 쌓거나, 보초로 나가거나, 적진에 뛰어드는 모험을 하려고 하는 자는 하나도 없을 것이다. 그리하여 사람들은 저마다 싸움에 대하여 무가치하게 생각할 것이다. 그대는 이러한 사실들을 미처 모르고 있다.

또한 그대가 배를 타고 항해를 하며, 오직 한 곳에 머물러 조금도 움직이지 않고, 돛대 위에 오르라는 명령을 받고도 이를 거부하고, 뱃머리에 달려가라는 명령을 받아도 역시 이를 거부한다면, 어떤 선장이 그대를 인용하겠는가? 그는 그대를 다른 선원들의 방해가 되고 나쁜 영향을 주는 자로서 무용지물처럼 생각하고 바다 속에 던져 버릴 것이다.

8. 이 세상에 있어서도 이치는 마찬가지이다. 각자의 생활은 일종의 투쟁이다. 그나마 그것은 장기 투쟁으로 여러 가

지 기회로 충만해 있다. 그리하여 한 병사의 직분을 다하여 지휘자의 지시대로 움직이고, 그 지휘자의 뜻을 받드는 것은 인간의 도리이다. 왜냐하면, 인생의 지휘자(신)는 그 권능에 있어서나 고매한 품성에 있어서 군대의 지휘자와 비교도 되지 않기 때문이다.

그대가 장관의 자리에 있고 원로원 의원에 임명되었다고 하자. 이런 직분을 가진 사람은 자기 가정에 관여하는 일이 적고, 때때로 외국에도 가면, 남을 지배하기도 하고 또 지배를 받기도 하며, 혹은 직책을 다하고 혹은 싸움터에 나가며, 또는 재판도 해야 함을 그대는 모르는가? 그리하여 그대는 식물처럼 동일한 장소에 고정되어 뿌리를 박으려고 하는가?

"그것은 즐거운 일이므로."—그렇다. 아무도 그것을 부정하지 않는다. 그러나 마찬가지로 미식도 즐겁고 미인도 유쾌하다—아마도 쾌락을 자기의 목적으로 삼고 있는 사람들은 이렇게 말 할 것이다. 그대들이 하는 말은 본래 누구의 말이었는지 모르는가? 그것은 에피쿠로스학파의 말, 방탕아의 말이다. 그들의 주장을 실천하고, 그들의 가르침을 지켜 나가면서 그대들은 제논이나 소크라테스의 말을 빌어 우리에게 이야기하려고 하는가?

9. 그대들이, 자기를 장식하는 이러한 남의 생각은 그대들에게 조금도 합당치 않다. 이것을 되도록 멀리 던져 버리려

고 하지 않는가? 이러한 사람들이 갖고 있는 소망은 다음과 같을 것이다. 즉 훼방을 받지 않고, 충분히 자고, 자리에서 일어나면 한가하게 하품을 하고, 얼굴을 씻고 자기가 원하는 대로 쓰거나 읽고 잡담을 하고, 그 이야기는 친구들에 의해 칭찬을 받고, 산책을 하며 나중에 목욕을 가고 식사를 하며 다음에 잠을 잔다—이러한 잠은 이들의 습관으로 "어떻게 자야 할까" 하고 물을 필요가 없다. 왜냐하면, 그것은 쉽사리 상상할 수 있기 때문이다.

그런데 이제 그대의 생활 방법을—그대가 원하는 생활 방법을 나에게 말하라. 진리와 소크라테스와 디오게네스의 추종자여, 그대는 아테네에서 무엇을 하려고 하는가? 지금 말한 그런 일인가, 혹은 다른 일인가? 그렇다면 어찌하여 스토아 학도로 자인하는가, 거짓말로 로마의 시민이라고 속이면 무거운 벌을 받아야 하지 않는가? 그렇다면 이런 위대하고 존귀한 이름을 모독하는 속임수는 벌을 받지 않아도 무방한가? 혹은 이렇게 벌을 받는 일이 없다고 가정하자. 그러나 큰 죄인에게 큰 형벌을 주는 것은 신성하고 강력한 규율이며, 이를 면할 수는 없다. 왜냐하면, 이 규율은 다음과 같이 주장하기 때문이다—즉 자기 것이 아닌 사물을 자기 것이라고 주장하는 자는 사기꾼이요 허풍쟁이이다. 신의 통치에 순종하지 않는 자는 어리석은 노예이다. 이들로 하여금 슬픔과 질투와 부러움을 느끼게 하라 즉 이들을 불행하게 하고 비탄에 빠지게 하라.

10. "이제 그대는, 내가 이러한 사람들을 섬기고, 그 문전을 어른거리기를 원하는가?"

"만일 이성이 국가나 민족을 위해 그것을 요구한다면, 그대가 거기 가서 안 될 이유가 어디 있겠는가? 그대가 구두를 사야 할 때는 구둣방에 가고, 국화를 사기 위해 꽃집에 가는 것은 너무나 당연하다. 그렇다면 그대가 이처럼 자기에게 긴요한 일로 부자를 찾는 것을 부끄러워할 이유가 어디 있겠는가?"

"사실이다. 그러나 나는 제화공을 존경하지 않는다."

"그렇다면 부자도 존경해서는 안 된다."

"나는 꽃집 주인의 비위를 맞추려고 하지는 않는다."

"그렇다면 부자의 비위를 맞추려고 해도 안 된다."

"그러면 어떻게 하여 내가 원하는 것을 얻을 수 있겠는가?"

"내가 그대에게 원하는 것을 얻기 위해 가라고 말하였는가? 그대에게 알맞은 일을 하기 위해 가라고 하지 않았는가?"

"그렇다면 굳이 갈 필요가 없지 않는가?"

"그것은 그대가 시민으로서, 형제로서, 또 친구로서의 역할을 다 하기 위해서이다. 그대가 찾아가는 구둣방이나 꽃집은 그 물건들을 그대에게 아무리 비싸게 팔더라도, 그대에게 위대하고 고상한 것을 줄 수는 없는 것이다. 그대의 목적은 국화이다. 그 값은 한 푼이며 1탈렌트도 못된다. 부자를 찾아갈 경우에도 마찬가지이다. 그 용무는 그를 찾을 만한 가치를 갖고 있는가? 그렇다면 나도 찾아가려고 한다. 부자와 이야기를 주고받을 만한 가치가 있는가? 그렇다면 나도 이야기를 나누려고 한다. 그러나 나는 그의 손에 입을 맞추고, 치하를 하며, 그에게 아부해야 하는가? 아서라! 그것은 1탈렌트의 가치도 없다. 좋은 시민과 좋은 친구를 잃는다는 것은, 나에게 있어서나 국가에 있어서나, 그리고 나의 친구들에게 있어서 아무런 이득이 없는 것이다.

11. "그렇다면, 나는 어떻게 하면 애정이 깊은 인간이 될 수 있을까?"

관대하고 행복을 느끼는 성질을 갖는 데 있다. 왜냐하면, 인간이 비천하거나 비탄에 빠지거나 남에게 의지하거나, 신이나 인간을 비방하는 것은, 절대로 이성이 명령하지 않는 것이기 때문이다. 그대는 이 가르침을 지켜 애정이 깊은 인간이 되도록 하라. 그러나 이 애정 때문에 혹은 그대가 애정이라고 부르는 것 때문에 가련한 노예가 될 우려가 있으면, 애정이 깊다는 것은 조금도 그대에게 이득이 되지 않을 것이다. 그리고 사람을 사랑할 때, 그를 언젠가는 죽어야 하는 사람으로서 혹은 외국으로 떠남으로써 이별할지도 모르는 사람으로서 사랑해야 한다. 이것을 무엇이 방해할 수 있겠는가?

소크라테스는 자식을 사랑하지 않았는가? 사랑하였다. 그러나 그것은 한 자유인으로서 사랑한 것이다. 그는 우선 신을 사랑해야 한다는 것을 명심하고 자식을 사랑하였던 것이다. 그러므로 그는 자기변명을 할 때에도, 자기 형벌[11]을 결정할 때에는 한 선량한 인간이 당연히 지켜야 하는 일을 범하지 않았다. 또 그가 평의원에 있을 때나 전쟁에 나갔을 때도 그러하였다. 우리에게는 비천한 일을 하기 위한 구실이 얼마든지 있다. 예컨대 어떤 사람은 자식을 구실로 삼고, 어떤 사람은 어머니를 구실로 삼으며, 또 어떤 사람은 형제를 구실로 삼아 비천한 일을 행하는 것이다. 그러나 누구든지 남을 위해 불행하게 되는 것은 좋지 않다. 모든 것에 의해, 특히 신에 의해—우리를 창조하신 신에 의해 행복해야 할 것이다.

12. 그대가 반가워하는 것을 대할 때에는 이와 반대되는 표상을 갖도록 하라. 예컨대 그대 손에 입을 맞추면서, "너는 내일 죽을 것이다" 하고 소곤거리며, 친구에 대하여도 "너는 내일 떠날 것이다. 그렇지 않으면 내가 떠날 것이다. 그리하

---

11) 그리스에서는 죄인이 우선 자기의 형벌을 결정하였다. 그러나 소크라테스는 이를 사양하였다.

여 다시는 만날 수 없게 될 것이다" 하고 생각하라.—"그것은 불길한 말이다"

주문도 역시 불길한 말이 아닌가. 그러나 그것은 필요한 것이므로, 나는 그것을 허용한다. 다만 그것이 유용하기만 하면 된다. 그런데 그대는 어떤 재앙을 가리킬 뿐만 아니라 이를 불길한 징조라고 말하는가? 불길한 말 운운한다는 것은 비겁한 일이다. 비천도 우울도, 비애도 수치도, 모두가 불길한 말이다. 그러나 이런 재앙에 빠지지 않도록 우리가 자기 자신을 방위할 수 있다면, 우리는 이를 입 밖에 내는 것을 두려워하여서는 안 된다. 그런데 그대는 어떤 자연 현상을 가리키는 말을 불길하다고 생각하는가? 그렇다면 곡식 이삭을 거두어들이는 추수에 대한 말도 불길한 것이다. 이것은 이 세상에서 하나의 파멸을 나타낸 말이기 때문이다—곡식의 이삭이 잘리니 말이다. 또 잎사귀가 떨어지는 것도 불길하며 푸릇푸릇하던 무화과가 시든 무화과로 변하고, 새로운 포도송이 대신에 건포도가 되는 것도 불길한 징조라고 말해야 할 것이다. 그러나 이러한 일은 모두가 이전의 상태에서 다른 상태로 옮아가는 것으로, 파괴가 아니라 어떤 일정한 순서와 배열에 따르는 자연 현상이다. 누가 외국으로 떠난다고 하자. 이것은 작은 변화이다. 누가 죽었다고 하자. 이것은 큰 변화이다. 그러나 이것은 현존하는 것이 무로 돌아가는 것이 아니라, 현존하지 않는 것으로 변화함을 말한다.

9. 적막

1. 적막이란 의지할 데 없는 인간의 모습이다. 왜냐하면, 인간이 혼자 있다고 해서 적막할 리가 없기 때문이다. 또 비록 많은 사람들 가운데 있더라도, 그 때문에 적막하지 않다고 할 수도 없기 때문이다. 그리하여 우리는 형제나 자식이나 혹은 의지하고 있던 친구가 죽었을 때에는 자기는 외톨이가 되어 적막하다고 말하며, 한편 우리가 로마에서 볼 수 있는 그런 많은 사람들과 우리를 에워싼 이 많은 주택과, 그리고 많은 노예를 거느리게 될 경우에도, 우리는 때때로 적막하다고 말하는 것이다. 적막한 사람이란 그 개념에 있어서는 의지할 데가 없고 자기를 해치려는 적을 방지할 길이 없어, 그 앞에 속수무책으로 있는 사람을 의미한다. 그러므로 우리는 여행할 때, 도적의 무리 속에 들어갔을 때 특히 적막을 느낀다. 그러나 고독감을 없애려면 단지 사람과 무작정 만날 것이 아니라, 성실하고 경건하고 유용한 사람과 만나야 한다. 혼자 있는 것이 적막을 느끼는 충분한 조건이라면 우주가 생멸하는 대겁화가 일어날 때 제우스 신은 적막을 느

끼고, "이 얼마나 슬픈 일인가! 나에게는 헤라[12]도 없고 아테네도 아폴론[13]도 없다"고 말하며—요컨대 형제도 자식도 후예도 동족도 없다고 해서—비탄에 빠질 것이라고 어떤 사람들은 말하고 있다. 이들은 우리가 본래 사교적이며, 서로 상대방을 사랑하고 타인과 사귀기를 즐긴다는 자연의 원칙에서 그렇게 말하지만, 혼자 사는 생활을 미처 이해하지 못하고 있다. 인간은 혼자 있으면서 스스로 만족하고, 자기 자신의 동반자가 될 수 있는 수단 방법을 발견할 필요가 있다. 제우스신이 자기 자신의 동반자이며, 자기 자신에게 만족하고, 자기의 정치에 대하여 생각하고 적당한 계획을 세우기에 분주한 것처럼, 우리도 자기 자신과 이야기를 나누고 남을 필요로 하지 않으며, 시간을 보내기가 지루하여 괴로움을 당하는 일이 없어야 한다. 그리하여 신의 통치를 관찰하고 자기와 다른 사물의 관계를 생각하며, 우리에게 일어나는 일에 대하여 전에 어떠한 태도를 취했는가를 돌이켜 보고 또 현재 어떤 태도를 취하고 있는가를 반성하여 우리를 괴롭히고 있는 것은 무엇인가? 어떻게 하면 이것을 치유할 수 있는가? 또 어떻게 하면 이것을 제거할 수 있는가를 생각하고, 만일 어떤 일을 해결해야 한다면 도리에 좇아서 이를 달성해야

12) 제우스신의 아내의 이름—역주
13) 제우스신의 자식—역주

한다.

2. 오늘날 그대들이 보는 바와 같이, 황제는 우리에게 커다란 평화를 가져다준 것처럼 생각된다. 앞으로는 전쟁도 투쟁도 없고 도적이나 해적의 때도 찾아볼 수 없으며, 사람들은 어느 계절이나 마음대로 여행하고, 또 동쪽에서 서쪽으로 항해할 수도 있을 것이다. 그러나 황제는 열병에 대한 평화를 우리에게 줄 수 있는가? 그리고 파선, 화재, 지진, 벼락 또 애정에 대한 평화를 우리에게 줄 수 있는가? 그것은 불가능한 일이다. 비애에 대해서는 어떠한가? 그것도 불가능하다. 질투에 대해서는? 그것도 불가능하다. 황제는 이러한 일에 대하여 우리에게 아무런 보장도 할 수 없는 것이다.

그러나 철학자들의 말은, 이러한 일들에 대하여 우리에게 평화를 약속한다. 그들은 이렇게 말한다. "그대들이 내 말을 들으면 어디 있든지, 또 무슨 일을 하든지, 슬픔을 느끼지 않을 것이다. 그대들은 분노를 느끼지 않고 억압을 당하지 않고, 훼방을 받지 않으며, 모든 재앙에서 벗어나 자유롭게 살 수 있을 것이다." 황제도 이런 선언은 할 수 없었다. 이 평화를―오직 신만이 그 말을 통하여 선언한 이 말을―갖고 있는 사람은, 혼자 있을 때에도 자기 자신에게 만족해야 하지 않겠는가? 왜냐하면, 그는 다음과 같이 보고 또 생각할 수 있기 때문이다. 즉 '이제는 어떠한 재앙도 나에게 일어날 수 없다. 나에게는 도적도 지진도 없다. 모든 것이 평화롭고 안정되어 있다. 어떠한 길도 시가지도, 집회도, 이웃 사람도, 그리고 동반자도 나에게 해를 끼치지 않는다'고. 그는 어떤 사람에게서 음식을 공급받고, 다른 사람에게는 옷을, 그리고 다른 사람에게서는 감각을, 또 어떤 다른 것에서는 본래의 개념을 공급받는다. 만일 이러한 공급이 중단되면, 그것은 세상을 하직하라는 신호이다. 문은 열려 있다. 신은 그대에게 "떠나라!"고 한다.—"어디로 가는가?"

무서운 곳으로 가는 것은 아니다. 그대가 온 곳으로 가는 것이다. 즉 그대의 친구와 동족들이 있는 곳에 존재의 원소로 돌아가는 것이다. 그대의 육신 가운데서 불이던 것은 불로, 흙이던 것은 흙으로, 공기이던 것은 공기로, 물이던 것은 물로 돌아가는 것이다. 저승도 없고 저승의 하천도 없다. 코키투스[14]도 없고 불의 강도 없다. 그러나 모든 것은 신과 힘으로 충만해 있다. 이렇게 생각하고, 일월성신을 바라보며 육지와 바다를 즐기는 사람은 벌써 고독하지 않고, 의지할 데가 없는 것도 아니다.

—"만일 누가 와서 혼자 있는 나를 죽여 버리면 어떻게 할까?"

---

14) 저승의 찬물이 솟는 강 이름—역주

어리석은 자여! 죽음을 당하는 것은 그대가 아니다. 그것은 그대의 가엾은 육체인 것이다.

3. 그대는 시체를 짊어진 작은 영혼이다.

4. 그렇다면 어떤 적막이 있단 말인가? 어떤 결핍이 있단 말인가? 어찌하여 그들은 아이들보다도 못한가? 아이들은 혼자 있을 때 무엇을 하는가? 그들은 조개껍데기나 모래를 모아다가 무엇을 만들기도 하고 또 허물기도 하면서 유희를 즐긴다. 그런데 나는 그대들이 나의 곁을 떠났다고 해서 외톨이 되었다고 울고불고 하겠는가? 나에게는 한 조각의 조개껍데기도, 한 줌의 모래도 없단 말인가? 아이들은 어리석기 때문에 이런 짓을 하고, 우리는 현명하기 때문에 불행해야 하는가?

10. 투쟁과 복수

1. 우리를 미워하는 사람에 대하여 조금도 해를 가하지 않으면, 우리가 다른 사람의 눈에 비겁하게 보일 것이라고 생각하는 것은 가장 어리석고 지각없는 사람의 소행이다. 우리는 남에게 해를 끼칠 능력이 없기 때문에 경멸을 당한다고 말할 것이 아니라, 선을 행할 능력이 없기 때문에 경멸을 당한다고 말해야 할 것이다.

2. 현명하고 선량한 사람은 누구와도 싸우지 않으며, 또 될 수 있는 한 다른 사람들을 싸우게 하지 않는다. 다른 모든 일에 있어서와 마찬가지로 이 일에 있어서도 소크라테스의 생활은 우리의 본보기가 된다. 그는 몸소 싸움을 피했을 뿐만 아니라 남에게도 이를 금하였다. 크세노폰의 《소크라테스의 회상》를 읽으면, 그가 얼마나 많은 싸움을 말렸으며, 또 어떻게 트리시마코스, 폴루스, 칼리클레스 등의 행패를 참았으며, 얼마나 그 아내의 궤변으로 그에게 반대한 아들의 소행을 참았던가를 알 수 있을 것이다. 그것은 그가 아무도 남의 주재 능력을 좌우할 수 없다는 것을 잘 알고 있었기 때문이다.

3. 이러한 견해를 갖고 있는 사람에게 어찌 왈가왈부할 여지가 있겠는가? 어떤 일이 그를 놀라게 할 수 있고, 어떤 일이 그에게 이상하게 생각되겠는가? 그는 현재 자기가 당하고 있는 일보다 더 흉악하고 슬픈 일을 나쁜 사람들에게 당하기를 예기하지 않았을까? 그는 무슨 일이나, 아직 그 손실의 극한에까지 이르지 않은 것을 자기의 이득이 된다고 생각하였다. 누가 그대의 욕을 하였는가? 그러면 그가 그대를 때리지 않는 것을 고맙게 생각하라. 그가 그대를 때렸는가? 그러면 죽이지 않은 것을 고맙게 생각하라. 인간은 온순한 동물이며 타인에 대하여 동정을 금치 못한다. 그리하여 나쁜

일을 저지르면 그 일 자체가 장본인에게 무거운 재해가 되는 것이다. 그는 이 사실을 언제 누구에게서 배웠을까? 그대의 이웃 사람이 돌을 던졌는가? 그러면 그는 어떤 죄를 범한 것인가? 그가 집안의 가구를 파괴하였는가? 그러면 그대는 가구인가?—아니다. 그대는 하나의 의지이다.

4. 이 경우에 무엇이 주어져 있는가? 그대가 늑대라면, 물어뜯는 것이 주어져 있을 것이다—더욱 많은 돌을 던지는 일이 그것이다—그러나 그대가 만일 인간에게 합당한 일을 하고자 한다면, 그대가 갖고 있는 것을 살펴보라. 그리고 그대는 어떤 능력을 갖고 이 세상에 태어났는가를 생각해 보라. 그대는 짐승의 성질을 갖고 있는가? 또 복수심을 갖고 있는가?

5. 말은 어떤 때에 슬픔에 잠기는가? 그것은 말이 본래의 능력을 빼앗길 때다. 즉 말이 소리를 지를 수 없을 때가 아니라 뛸 수 없을 때다. 사냥개는 어떤 때에 슬픔에 잠기는가? 그것은 개가 날아갈 수 없을 때가 아니라 짐승을 뒤쫓아가지 못할 때다. 인간도 이와 마찬가지로 슬픔에 잠기는 것은 사자의 목을 졸라서 죽이거나 석상을 껴안거나[15] 할 수

15) 헤라클레스는 사자의 목을 졸라서 죽였다. 스토아학파의 철학자는 자기의 인내심이 강한 것을 보여 주기 위해 한겨울에 석상을 껴안기도 하였다.

없을 때가 아니라—자연은 인간에게 이런 일을 할 수 있는 능력을 주지 않았다—그 성실과 신의를 잃었을 때가 아닌가? 실로 우리는 이러한 사람을 위해 슬퍼해야 할 것이다. 그가 당한 재해는 그토록 큰 것이다. 실제로 우리는 그의 생사에 대하여 슬퍼하는 것이 아니라, 그가 생존하고 있을 때의 자기의 참된 소유물을 잃어버렸기 때문에 슬퍼하는 것이다. 나는 여기서 그가 아버지로부터 물려받은 유산, 즉 토지나, 가옥이나, 노예 등에 대하여 말하고 있는 것이 아니다(왜냐하면 이러한 것은 하나도 인간의 참된 소유물이 아니고, 남의 것이요, 노예적인 것이요, 종속적인 것으로, 이러한 것을 지배하는 힘을 갖고 있는 신에 의해, 어떤 때에는 A에게 또 어떤 때에는 B에게 주어지기 때문이다). 내가 말하고 있는 것은 그의 인간적인 성질이다. 그가 갖고 세상에 태어난 그의 정신의 도장이다. 이러한 도장을 우리는 화폐에서도 찾아본다. 만일 분명한 도장이 찍혀 있으면 그 화폐를 인정하지만 그렇지 못하면 던져 버린다. 이 돈에는 어떤 도장이 찍혀 있는가? "트리야누스의 도장이다." 그러면 그것을 나에게 다오! "네로의 도장이다." 그것은 버려라—그것은 아무도 신용하지 못한다. 그것은 못 쓰는 돈이다.[16]

---

16) 네로가 죽은 후에 원로원은 그가 만든 화폐를 로마의 역적이 만든 것이라고 해서 못쓰게 하였다.

이 경우에 있어서도 그렇다. 그의 마음의 도장은 무엇인가? 그는 온순하고, 사교적이고, 관대하고, 친절하다. 그때에는 나는 그를 인정한다. 나는 그를 공민으로서 인정하고, 이웃 사람으로서 인정하며, 또한 여행의 길동무로서 인정하려고 한다. 다만 그 사람은 네로 황제의 도장을 받지 않았는가를 유의해 보라. 그는 자주 화를 내지 않는가? 복수심에 가득 차 있지 않는가? 불평을 자주 하지 않는가? 그는 자기에게 유리하게 보일 때에는, 자기의 길을 막는 사람은 모조리 무찔러 버리려고 하지 않는가? 만일 그렇다면 어찌하여 그를 인간이라고 말하겠는가? 사물을 그 외모에 의하여 판단해도 무방한가? 만일 그렇다면 납세공사가 만든 사과는 진짜 사과이며, 그 향기와 맛을 갖고 있다고 말해야 할 것이다.

그러나 외형만으로는 불충분하다. 눈이나 코만으로는 인간을 형성하는 데 충분치 못하다. 그가 인간의 마음을 갖고 있을 때, 비로소 인간이 될 수 있다. 진리를 들으려고도 하지 않고, 자기주장이 잘못되었다는 것이 입증되어도 이를 인정치 않는 사람이 있다. 그는 (인간이 아니라) 당나귀이다. 그리고 그 사람의 마음속에는 존경심이 없으므로—그 사람은 가치가 없는 것—인간 이외의 다른 무엇이다. 그는 걷어차거나 물어뜯을 수 있는 사람을 찾고 있다—이런 사람은 양이나 당나귀도 될 수 없는, 이를테면 일종의 야수이다.

6. 선을 구하고 악을 피하라. 우리에게서 선을 빼앗아 가고 악을 가져오는 사람은, 그가 부모 형제나 친자식이라도 적으로 생각하라. 우리의 불행을 가져오는 음모자는 각자의 자연이다. 왜냐하면, 선처럼 우리에게 절실하고 친숙한 것은 없기 때문이다. 그러므로 외부의 사물이 선이요, 악이라고 생각되면, 부자나 형제의 관계가 파괴되어, 세계에는 곳곳에 적과 음모자와 비방자로 가득 차 있을 것이다. 그러나 유일한 선은, 그 의지가 마땅히 있어야 하는 대로 있는 것이며, 유일한 악이란 의지가 마땅히 없어야 하는 대로 있는 것이라면 어디에 싸움이나 비방을 할 여지가 있겠는가? 우리는 싸우는 대상을 잃게 된다. 우리는 우리와 관계없는 것과 싸울 수 있는가? 또 누구와 싸우겠는가? 무식하고 불행한 자와 싸우고 가장 중요한 일에 대하여 속임수에 빠진 자들과 싸우겠는가?

7. 이러한 일을 염두에 두면서, 소크라테스는 가사를 정리하고, 그 고약한 아내와 불효자식의 소행을 참았던 것이다. 이 가르침은 가정에 사랑을 가져오고, 국가에 화해를 국민에게 평화를 초래하며, 신에 대하여는 감사하는 마음을 일으킨다. 또한 곳곳에서 남의 소유나 무가치한 것을 취급하는 자들에게서 찾아볼 수 있는 대담성을 갖고 행동하게 한다.

우리는 이런 일에 대하여 쓰기도 하고 읽기도 하는 자이며, 또 그러한 것이 우리에게 주어졌을 때에는 그것을 찬양하는 자이기도 하지만, 그것을 확신하려면 아직도 먼 거리에 있다. 그러므로 스파르타인에 대한 속담 "집에서는 사자이지만, 에페소스에서는 여우이다"[17]는 말은 우리에게도 해당할 것이다—즉 "학교에서는 사자요, 사회에서는 여우이다."

---

17) 스파르타가 소아시아에서 패배한 데서 생긴 말이다.

제 4 권

1. 종교

1. 종교에 있어서는, 신들에 대한 올바른 생각을 갖는 것이 가장 중요함을 알아야 한다. 즉 신들은 존재하며 우주를 올바로 통치하고 그대는 신들에게 순종하도록 만들어졌으며, 신들의 섭리는 최고의 결의이므로, 이를 인정하고 기꺼이 따르는 것 등등이 그것이다. 그렇게 하면 그대는 신들에 의해 푸대접을 받은 것처럼 생각하고, 신들을 비난하거나 규탄하는 일은 절대로 없을 것이다.

2. 그러나 이것은 그대가 우리의 힘으로 좌우할 수 없는 것을 단념하고, 우리의 힘으로 좌우할 수 있는 것에 대해서만, 선과 악을 인식하는 데서 비로소 가능한 것이다. 왜냐하면 그대가 어떤 외부의 사물을 선하다거나 혹은 악하다고 본다면, 그대가 원하는 것을 손에 넣지 못하였거나 그대가 원치 않는 것을 소유하게 되었을 때는, 자연히 그대는 그 창

시자를 비난하거나 미워하지 않을 수 없기 때문이다.

3. 어떠한 생물이라 할지라도 자기에게 해롭다고 보이거나, 그 원인을 이루고 있는 것에서 도피하고 기피하며 자기에게 유리하다고 생각되는 것이나 그 원인은 구하고 찬미하도록 자연에 의해 만들어져 있다. 그러므로 손해를 입었다고 생각하는 사람이 이 손해를 입혔다고 생각되는 자에게 불만을 느끼는 것은, 손해 자체를 달갑게 여길 수 없는 것과 같은 일이다.

4. 아버지라도 아들에게 재화를 주기를 거절하면 원망을 받게 마련이다. 폴리네이케스와 에테오클레스는 독재정치를 좋게 생각하였으나, 이것이야말로 두 사람을 원수가 되게 하였던 것이다. 농부, 어부, 상인 또는 처자를 잃은 사람들이 신들에 대하여 원망을 하는 것은 이와 같은 이유에서이다.

그들은 종교와 행복이 동거하는 것으로 생각한다. 다만 정당한 욕구와 정당한 혐오를 하는 사람만이 참된 종교를 가질 수 있다.

5. 그러나 나라의 풍속에 좇아서 제물을 드리되, 그것이 깨끗하고 신선하며, 정성스럽고, 풍족하고, 그렇다고 해서 재산 이상의 값진 것이 아닌 것은 누구에게나 적응된다.

2. 신의 섭리 (1)

1. 신들에 대하여는 여러 가지 견해가 있다. 어떤 사람들은 신은 존재하지 않으며, 어떤 사람들은 실제로 존재하지만 나태하고 무관심하여 아무 역사도 하지 않는다고 말한다. 또 어떤 사람은 신이 존재하고 역사를 한다고 믿지만, 중대한 하늘나라에 대한 일에만 관여하고 지상의 일에 대하여는 관여하지 않는다고 생각하며, 또 어떤 사람은 신은 하늘나라 및 지상의 일에 대하여 관심을 갖고 있지만 그것은 일반적인 일에 대해서이며, 개별적인 일에 대해서는 무관심하다는 것이다. 끝으로 어떤 사람들—예컨대 오디세우스나 소크라테스와 같은 사람들은 말한다. "신이여, 나는 당신의 지혜가 아니면 행동할 수 없습니다"라고.

2. 그러므로 무엇보다도 이런 견해들이 각각 정당하다고 인정될 수 있느냐의 여부를 검토할 필요가 있다. 신이 존재하지 않는다면, 신들에게 따르는 것이 어떻게 하나의 목적일 수 있겠는가? 또 만일 신들이 존재하지만 아무 일도 관심이 없다면, 신들에 순종하는 것이 어찌하여 인간 사이에 아무런 교섭이 없으며, 따라서 신들과 나와 자아 사이에도 아무런 교통이 없다면 어찌하여 신의 뜻에 따르는 것이 참된 목적일 수 있겠는가? 현명하고 선량한 사람들은 이러한 문제를

깊이 생각하고 마치 선량한 국민이 국가의 법률에 따르는 것처럼 '전체'를 통치하는 신에게 복종할 일이다.

3. 그러나 어떤 사람이 에픽테토스에게 "인간의 모든 행동을 신이 일일이 감시하고 있다는 것을 어떻게 믿을 수 있는가?" 하고 물었을 때 그는 이렇게 대답하였다.

"만물은 결합하여 하나로 되어 있지 않은가?"

"그것은 나에게도 그렇게 생각된다."

"그렇다면 그대는 천상의 사물과 지상의 사물 사이에 교섭이 있다고 생각하지 않는가?"

"그렇다. 교섭이 있다고 생각한다."

"만일 그렇지 않다면 어찌 식물이 알맞은 계절에—마치 신이 그들에게 꽃을 피우라고 명령하였을 때 이에 복종하는 것처럼, 꽃이 피고 움이 트라고 하면 움이 트며, 열매를 맺으라고 하면 열매를 맺고, 익으라고 하면 익고, 열매를 떨어뜨리라고 하면 떨어뜨리고, 잎사귀를 날리라고 하면 날리는 것처럼 질서 정연하게 이 모든 일이 이루어질 수 있겠는가? 또 그렇지 않다면 어찌하여 그들은 신의 명령에 의하여 몸을 움츠리고 잠자코 조용히 쉴 수 있겠는가? 또한 어찌하여 달이 가고 해가 감에 따라서 그러한 변화와 변전을 지상의 사물에서 찾아볼 수 있겠는가? 식물이나 우리 육체가 이와 같이 '전체'와 떨어질 수 없게 되어 있으며, 전체에 대하여 공감을 갖고 있는 데, 우리 정신이 이와 아무런 관련이 없다고 할 수 있겠는가? 우리 정신은 신의 한 부분이며, 또 신으로부터 유출된 것이기 때문에 신과 떨어지기 어려운 것이다. 또 신과 접촉하고 있는 이상, 우리의 정신의 모든 운동을 신은 자기 것, 자기와 같은 종류의 것으로 느끼는 것이다."

그러나 그대들은 신의 통치에 대하여, 즉 신과 인간 사이에 일어나는 모든 일에 대하여 조용히 생각해 볼 수 있다. 그리고 감각 기관에 있어서나 지능에 있어서, 수천만으로 헤아리는 사물에 대하여 동시에 어떤 것을 긍정하고 어떤 것을 부정할 수 있다. 또한 그대들은 마음속에 여러 가지 많은 사물의 가지각색 인상을 보존할 수 있으며, 사물에 의해 이전의 인상과 비슷한 관념을 머릿속에 그리게 된다. 그리고 그대들은 여러 가지 기술이나 헤아릴 수 없이 많은 사물의 기억을 갖고 있다.

그렇다면 신이 만물을 내려다보고 모든 일에 현존하여 만물과 어떤 교통을 갖고 있다고 하지 않을 수 있을까? 그러나 태양은 우주의 이 광대한 부분을 비칠 수 있고, 협소한 부분을—그것은 지상의 그늘로 덮인 부분이지만—암흑으로 방치할 수 있을까? 저 태양을 만들고, "전체"에 비하면 그의 작은 한 부분에 불과한 이 태양을 그 회전 구역 안에서 돌아가게 하는 신에게 만사를 인지하는 힘이 없겠는가?

4. "그러나 나는 이 모든 일을 한눈에 바라볼 수 없다"고 그대는 말하는가? 누가 그대에게 그렇게 할 수 있는 능력이 있다고 말하였는가? 또 그대들이 신과 동일한 능력을 갖고 있다고 말하였는가? 그러나 신은 각자에게 수호자를—즉 각자에게 수호신을 보낸 것이다. 이 수호신은 인간을 수호하는 임무를 갖고 있으므로 잠잘 수도 없고 기만당할 수도 없는 것이다. 신은 위대하고 자상한 수호자에게 우리를 맡긴 것이다. 그러므로 그대들은 문을 닫고 방 안을 어둡게 하였을 때에도, 혼자 있다고 생각하여서는 안 된다. 혼자 있는 것이 아니라 신과 함께 있으며, 또 그대들의 수호신이 곁에 있는 것이다. 이들이 그대들의 행동을 살피는데 어찌 빛을 필요로 하겠는가? 병사들이 황제에게 맹세하는 것처럼 그대들도 신에게 맹세해야 한다. 황제에게서 급료를 받는 자는 무엇보다도 황제의 안전을 가장 존중할 것을 맹세하는데, 그대들은 신으로부터 이같이 엄청난 것을 받고서도 신에게 맹세하려고 하지 않고, 또 설사 맹세하여도 지키려고 하지 않는가?

그런데 그대들은 무엇을 맹세해야 할까? "저는 결단코 신의 뜻을 저버리지 않고, 신을 탓하지 않으며, 신이 주신 것은 무엇이든지 원망하지 않고, 또 필요한 일을 행하기를 주저하지 않으며, 이를 기꺼이 참겠습니다." 하고 맹세해야 한다. 이 맹세는 병사들의 그것과 비슷한가? 병사들은 황제 이외에는 아무도 존경하지 않는다고 맹세하는 것이다. 그러나 그대들은 무엇보다도 신 자신을 존경하겠다고 맹세해야 한다.

3. 신의 섭리 (2)

1. 인간 이외의 동물은 육체를 위해 필요한 모든 것을 자기가 마련하는 것이 아니라 스스로 갖추고 있으며, 음식물뿐만 아니라 그 잠자리까지도 제공되고 있다. 그러므로 구두나 침구나 옷 같은 것에 대하여 걱정할 필요가 없다. 그러나 인간은 마땅히 이 모든 것을 손수 마련해야 한다. 그런데 동물은 자기 자신을 위해 존재하는 것이 아니라 다른 용도를 위해 존재한다. 그들에게도 그런 필수품을 마련해 주도록 되어 있다면, 그것은 엄청난 부담일 것이다. 우리가 자기 자신뿐만 아니라 양이나 당나귀를 위해서도 옷과 구두를 마련해 주어야 하고, 음식물에 대하여도 일일이 신경을 써야 한다면 그 수고가 얼마나 엄청나겠는가? 병사들은 구두를 신고, 옷을 입고, 무장을 하고 명령이 내리기를 기다리고 있다. 그런데 연대장이 일일이 천 명의 부하들에게 구두를 신겨 주고 옷을 입혀 주어야 한다면, 얼마나 한심한 일이겠는가? 이와 마찬가지로 자연도 동물을 만들 때, 완전히 장비를 갖추게 하고 더는 걱정할 필요가 없이 대뜸 다른 용도에 제공되도

록 하였다. 그러므로 어린아이들까지도 회초리 하나로 양을 몰 수 있는 것이다.

2. 그런데 우리는 동물을 위해서는 우리 자신을 위해서처럼 염려할 필요가 없도록 한 것을, 신에게 감사하기는커녕 자기에게 없는 것이 있다고 해서 신을 원망하는 것이다.

그러나 제우스를 비롯하여 모든 신들에게 맹세하여 말하거니와, 적어도 경건하여 신의 은총을 아는 사람에게는 그 섭리를 깨닫기에 불충분한 것은 '자연'에 하나도 없다. 큰일에 대한 것은 잠시 덮어 두기로 한다. 우유가 어떻게 풀에서 생기며, 치즈가 어떻게 우유에서 생기고, 양털이 어떻게 피부에서 생기는가를 생각해 보기만 하여도 족하다. 그것들을 만들고 또 이를 생각해 낸 것은 누구인가? 그대는 그것을 만들어 낸 이가 없다고 말하는가? 오, 무서운 철면피와 우매함이여!

3. '자연'의 대사업은 논외로 하고, 그 부대사업만을 생각해 보자. 턱 위에 난 털보다 쓸모없는 것이 세상에 있을까? 그런데 보라! 자연은 그 이상 더 적합할 수 없을 정도로 이 털을 교묘히 사용하고 있지 않는가? 즉 자연은 이에 의하여 남성과 여성을 구별하고 있는 것이다. 그리하여 먼 거리에서는 각자가 이렇게 큰소리로 외칠 수가 있는 것이다. "나는 사나이다. 그런 줄 알고 그대는 가까이 다가와 떳떳이 말하

라. 다른 것을 볼 것 없이 이 표지를 보라"고. 한편 여인에 대하여는 자연은 그 목소리를 부드럽게 한 동시에 턱에서는 털이 나지 못하게 한 것이다.

"아니다, 각각의 생물에는 차별을 둘 필요가 없는 것이다. 우리는 저마다 '나는 사나이다!' 하고 외치면 된다" 하고 그대는 말하고 싶은가? 그러나 이 표지는 아름답고 적당하며, 따라서 귀중하게 생각해야 하지 않겠는가? 닭의 벼슬보다 더 아름답지 않은가? 사자의 머리털과는 판이하지 않는가? 그러므로 신이 준 표지를 보존하고, 성을 구별하는 것을 되도록 제거하고자 혼동하지 말아야 할 것이다.

4. 이러한 것은 우리 속에 있는 신려의 유일한 것일까?— 그러나 신려의 표시를 올바르게 찬양하고 이를 표현하는 데 무슨 말이면 충분하겠는가? 만일 우리가 신의 뜻이 나타나 있는 것을 이해한다면, 남들과 함께 있거나 혹은 혼자 있거나 신의 존재를 찬미하고 찬양하며 그 인자함을 거듭 감사하는 것은 지당한 일이 아니겠는가? 우리가 땅을 파고 갈고 또 음식을 먹을 때마다 "위대하도다! 우리에게 땅을 갈 수 있는 이 많은 기구를 제공해 주신 신이여, 위대하도다! 우리에게 손을 제공해 주시고, 목과 위장을 제공해 주신 신이여! 우리로 하여금 알지 못하는 사이에 성장하게 하시고, 우리가 잠자는 동안에도 숨을 쉬게 하시는 신이여!" 하고 우리는 신

에 대하여 찬미의 노래를 불러야 하지 않겠는가?

이러한 일은 각자가 마땅히 해야 하지만, 한편 신이 우리에게 그 사업과 우리가 나아가야 할 "길"이며, 또한 관찰하고 생각하는 능력을 준 데 대하여 가장 거룩한 찬미가를 불러야 할 것이다. 그러나 그대들의 대부분은 눈뜬장님이므로 이 땅 위에 서서 모든 사람의 이름으로 신을 찬미하는 노래를 부르는 자가 하나도 없다. 이래서야 되겠는가. 늙고 다리를 저는 나[1]로서 신을 찬송하는 이외에 할 일이 무엇이겠는가? 내가 만일 꾀꼬리나 백조라면, 그 천성에 따라서 노래를 부르고 싶다. 그러나 나는 이성 있는 동물이다. 신의 찬미가를 부르는 것은 나에게 적합한 일이다. 이것은 내가 할 일이다. 그러므로 나는 이것을 하고 있다. 그리고 나에게 허용되어 있는 한 이 입장을 버리지 않을 것이다. 그리하여 나와 함께 같은 찬송의 노래를 부를 수 있도록 그대들을 불러들일 것이다.

---

1) 에픽테토스는 일찍이 노예 시절에 주인의 혹사로 말미암아 다리를 크게 다쳤다고 한다.

4. 인간의 신

1. 신은 유익하다. 그러나 선도 유익하다. 그러므로 신의 본성이 있는 곳에 선의 본성도 있는 것은 사실이다. 신의 본성이란 무엇인가? 그것은 육체일 수 있을까? 그렇지 않다. 토지인가? 그렇지 않다. 명예인가? 그렇지 않다. 마음인가? 예지인가? 혹은 올바른 이성인가? 그렇다. 그렇다면 다만 이 중에서 선의 본질만을 구하라. 설마 그대들은 그것을 식물 가운데서 구하지는 않을 것이다. 거기에는 없다. 혹은 이성이 없는 동물 속에서 구하려고 하는가? 거기에도 없다. 그렇다면 그것은 당연히 이성이 있는 동물 속에서 구해야 할 것이다. 그런데 어찌하여 이성이 있는 것과 이성이 없는 것 사이의 차이점에서 그것을 찾으려고 하지 않는가?

2. 식물은 표상을 사용하는 능력을 갖고 있지 않다. 그러므로 우리는 식물에 대하여 선이라는 말을 할 수 없다. 따라서 선은 반드시 표상을 사용하는 힘을 갖고 있는 자에게만 사용할 수 있다. 그렇다면 이 힘만으로 충분한가? 그렇지 않다. 왜냐하면 만일 이 힘만으로 충분하다면, 선이나 행복이나 불행과 같은 것은 하등 동물에게도 있다고 보아야 하기 때문이다. 그러나 그대는 이렇게 생각하지 않는다. 이것은 옳은 태도이다. 하등 동물은 표상을 사용하는 힘을 충분히

갖고 있지만, 그 사용을 관찰하고 생각하는 힘을 갖고 있지 않는 것이다. 이것은 당연한 일이기도 하다. 왜냐하면, 그들은 타자에게 봉사하기 위해 존재하는 자로, 자신 속에는 아무런 목적도 갖고 있지 않기 때문이다. 당나귀는 그 자신의 어떤 목적을 위해 만들어졌는가? 아니다. 당나귀는 짐을 지기 위하여 만들어진 것이다. 우리에게는 그 등 위에 짐을 얹을 필요가 있다. 그리고 우리는 그 당나귀가 잘 걸어 다녀야 할 필요도 느끼고 있다. 그렇지 않았던들 당나귀는 걸어 다닐 수 없었을 것이다. 그리하여 당나귀는 표상을 사용하는 것을 고찰하는 힘을 받지 못하였던 것이다. 당나귀에 대하여는 이것으로 일단 일이 끝난 것이다. 만일 당나귀에게 표상을 사용하는 것을 고찰하는 능력이 부여되었더라면, 그것은 벌써 도리상 우리에게 복종할 수 없었을 것이며, 따라서 우리를 위해 그런 일을 해 줄 수 없고, 우리와 동등한 자가 될 것은 분명하다.

3. 표상의 사용과 관찰이나 연구는 별개의 문제이다. 신은 다른 동물이 표상을 사용할 필요를 느끼고 인간이 표상을 관찰하고 연구할 필요를 느꼈던 것이다. 따라서 다른 동물들은 먹고 자고 새끼를 낳고, 각자 하고 싶은 일을 하면 그것으로 족하지만, 표상에 대하여 관찰하고 연구하는 능력이 주어진 인간으로서는 이것만으로 족하지 않다. 우리는 어떤 방

법과 명령에 쫓아서, 인간의 천성과 됨됨에 적합하도록 행동하지 않으면 우리의 존재 목적을 달성하지 못한다. 그 됨됨이 다르면 그 임무와 목적이 다르기 때문이다. 그러므로 그 됨됨이 표상을 사용하는 데 그친다면, 그것이 어떤 종류이건 표상을 사용하기만 하면 되는 것이다. 그러나 표상의 사용을 관찰하고 생각하는 능력을 지닌 인간은, 이 능력을 정당하게 사용하지 못하면 그 존재 목적은 도저히 달성되지 못하는 것이다.

그런데 신은 다른 동물을 만들 때, 어떤 것은 식용에 제공하기 위해, 어떤 것은 땅을 경작하기 위해, 또 어떤 것은 젖을 짜기 위해, 그 밖에 각각 다른 용도를 위해 적합하게 만들었다. 그러므로 이를 위해 표상을 관찰하거나 연구할 필요가 없으며, 또 표상을 구별할 능력도 필요가 없는 것이다. 인간이 이 세상에 창조된 것은 신과 그 사업의 관찰자가 되기 위해서이다. 아니 비단 관찰자가 되는 데 그치지 않고 그 해석자가 되기 위해서이다. 그러므로 이성이 없는 동물이 하는 일에만 치중하는 것은 인간으로서 수치스러운 일이다. 우리 동물들이 시작하는 곳에서 시작하여, 자연이 우리에게서 끝내는 데서 끝내야 할 것이다. 자연은 정관과 관찰과 고찰, 그리고 자연에 적합한 생활을 마치고 끝난다. 그러므로 그대들은 신과 그 사업의 관찰자가 되지 못하고 죽는 일이 없도록 주의해야 한다.

4. 그렇다면 여기서 선의 본질을 구하도록 하라. 그대가 여기서 쉽사리 찾아볼 수 없다고 해서, 신은 다른 사물 속에 있다고는 말하지 못하였을 것이다.

5. 그러나 이러한 생물도 신이 만든 것이 아닌가? 물론 신이 만든 것이다. 그러나 그것은 우수한 작품은 아니다. 따라서 신의 한 부분은 아니다. 그러나 그대는 우수한 작품으로 신의 한 부분이며, 그대 자신 속에 신의 속성을 지니고 있다. 그런데 어찌하여 그대는 자기의 귀중한 핏줄을 몰라보는가? 어찌하여 그대가 온 곳을 모르는가? 어찌하여 음식을 먹을 때, 음식을 먹는 자기가 누구이며, 또 자기를 기르고 있는 자가 누구인가를 생각해 내지 못하는가? 왜 아내와 동침할 때, 동침하는 자기가 누구인가를 모르는가? 이야기를 하고 운동을 하고 토론할 때, 그대는 스스로 (자기 안에 있는) 신과 행동을 같이 하고, 신의 뜻을 수련하고 있는 줄을 모르는가? 불행한 자여! 그대는 신을 그 안에 지니고 있으면서도 그런 줄 모르고 있다. 그대는 내가 금이나 은으로 만든 신, 즉 외부에 있는 신에 대하여 이야기하는 것으로 알고 있는가? 아니다. 그대는 신은 그대 자신 속에 지니고 있다. 그리고 그대는 자기의 불순한 사상과 부정한 행위에 의해, 신을 모독하는 줄 모르고 있다. 신상의 앞에서도 그대는 평소와 다름이

없는 행위의 하나는 하지 않았던 것이다. 그런데 그대 안에 있어, 모든 일을 보고 듣는 신 앞에서 그대가 지금과 같이 원하거나 행하는 것을 부끄럽게 생각하지 않는가. 아아, 자기의 본성을 모르고 신의 노여움을 사는 자여!

6. 우리가 젊은이를 학교에서 사회의 실생활 속에 내보낼 때, 그가 무슨 실수라도 범하지 않을까, 혹은 사치나 호사에 흐르지 않을까, 초라한 옷이 그의 품격을 떨어뜨리지 않을까, 훌륭한 옷이 그를 거만하게 하지 않을까 하여 걱정하는 것은 무슨 까닭인가? 이런 청년은 자기 자신의 신을 모르고, 자기와 행동을 같이하는 신을 모르고 있는 것이다.

우리는 그가 "나는 그대와 동행하기를 원한다"[2]는 말을 받아들일 수 있을까? 그대는 자기 자신 속에 신을 모시고 있지 않은가? 이미 신을 모시고 있으면서 다른 것을 구하는가? 혹은 신이 자기 이외의 사물에 관심을 갖게 하는 것일까?

7. 만일 그대가 피디아스가 조각한 아테네나 제우스의 조각물이라면, 자기 자신과 조각한 자의 쌍방을 생각하게 될 것이다. 그리고 그대가 어떤 자의식을 갖는다면, 그대의 조각가와 그대 자신에게 합당하지 않은 일은 조금도 하지 않도록, 또 절대로 흉한 태도를 취하지 않도록 힘쓸 것이다. 그

2) 이 말 가운데 나오는 '그대'는 에픽테토스를 가리키는 것으로 해석된다.

러나 지금 제우스 신이 그대를 조각하였는데, 그대는 자기가 어떻게 보일지 조금도 개의치 않는가? 그리고 이 조각가는 다른 조각가와 같은가? 이 작품은 다른 작품과 같은가? 어떤 작품이 그것을 조각할 때의 능력이 그 작품 속에 내포될 수 있는가? 조각가는 돌이나 놋쇠, 금, 상아 등으로 작품을 조각하며, 가령 피디아스가 조각한 아테네는 일단 그의 손을 들어 '승리'의 여신의 모습을 보여 주면, 언제나 이대로 서 있게 마련이 아닌가?

그러나 신의 작품(인간)은, 운동과 호흡과 표상의 사용 능력과 판단력을 갖고 있는 것이다. 그대를 조각한 이 작가를 그대는 욕되게 하려는가? 아니 신은 비단 그대를 만들었을 뿐만 아니라 그대 자신을 그대에게 위임하는 것이다. 그대는 이것을 잊어버렸는가? 혹은 그대의 임무를 욕되게 하려는가? 그러나 만일 신이 그대에게 어떤 고아를 맡겼다면, 그대는 그 아이를 소홀히 할 수 있는가? 신은 그대를 그대 자신에게 맡기면서 말하였던 것이다.

"너밖에는 너를 맡길 만한 사람이 없었다—이 사람을, 자연이 만든 그대로—즉 경건하고 성실하며, 고귀하고 두려움을 모르며 격정에 따라 움직이지 않고 번거로움을 당하지 않도록 보존해 두라!" 하고. 그런데 그대는 이를 원치 않는 것이다.

8. 사람들은 말할지 모른다. "이 사람은 어찌하여 그토록 존대한 눈초리와 엄숙한 얼굴빛을 하고 있는가?" 하고. 그러나 나는 아직 충분한 그런 얼굴을 갖지 못하고 있다. 왜냐하면, 내가 배우고 긍정한 일에 대하여 아직 대담하게 나갈 수 없기 때문이다. 나는 아직도 나의 연약함을 두려워하고 있다. 나로 하여금 이 일에 대담하게 하라. 그러면 그대들은 나에게 어울리는 용모와 태도를 볼 수 있을 것이다. 그때에 나는 잘 다듬어진 완성된 조각상을 그대들에게 보여 줄 것이다. 그대들은 무엇을 예기하는가? 존대한 눈초리인가? 그렇지 않다. 올림피아의 제우스는 존엄한 눈초리를 하고 있는가? 아니다, 그 눈초리는 엄숙하여,

"내가 주장하는 가르침을 믿으면 잘못을 저지르는 자가 없도다" 하고 말하려는 자의 눈초리와 같다. 나는 자기 자신을 그러한 자로서 그대들에게 보여 주고 싶다—성실, 경건, 관대, 평안한 자로서의 모습을 보여 주고 싶다.

그리고 "죽지 않고, 늙지 않고, 병들지 않는 자로서의 모습도 보여 주려고 하는가?" 아니다. 신이 시키시는 대로 죽고 병드는 자로서이다. 위에 말한 이러한 일은 나의 소유에 관련된 것으로, 내가 할 수 있는 일이다. 그러나 이 이외의 일은 나의 소유가 아니며, 따라서 내가 마음대로 할 수 없다. 나는 그대들에게 철학자의 정신력을 보여 주고자 한다. 그것

은 무엇인가? 절대로 실패하지 않는 욕구와 실수하지 않는 회피, 정당한 소망, 조심스러운 결의, 신중한 행위, 사려 깊은 긍정 등등이다. 이러한 것을 그대는 그때 볼 수 있을 것이다.

5. 예언

1. 그대가 예언자에게 간다면, 그것은 그대가 어떤 일의 결말을 모르기 때문에, 이것을 알기 위해서이다. 그러나 그대가 철학자라면, 사건의 결말은 그대가 벌써 알고 있었을 것이다. 그것이 자기의 힘으로 좌우할 수 없는 일이지만, 그것은 자기에게 좋을 것도 나쁠 것도 없는 것이다.

2. 그러므로 예언자에게 가더라도, 어떤 흥미나 불안을 갖고 가서는 안 된다. 그렇게 하지 않으면 그대는 두려운 마음으로 그를 찾아가야 할 것이다. 그가 예언하는 것이 무엇이건 그대와 아무 관계도 없다는 것을 확신하고 찾아가야 한다. 이런 지혜를 이용하는 것을 누가 훼방할 수 있겠는가?

그대는 조언자에게 가는 것과 같은 심정으로, 신들에게 가도록 하라. 그때 그대에게 어떤 조언을 해 주면, 그대는 자기가 어떤 조언자를 불렀는가를 상기하고, 또 그대가 이에 따르지 않을 때 누구에 대하여 불순종하는가를 잘 생각해 보라.

3. 예언자를 찾아가는 것은, 소크라테스의 가르침대로, 우연히 지배하는 일에 대하여 이성도 숙련도 아무런 판단을 내릴 수 없을 경우에 한정하여야 한다. 그러므로 그대는 친구나 조국을 위해 위험한 곳에 가야만 할 경우에 이를 해야 하는가의 여부를 예언자에게 물어서는 안 된다. 왜냐하면, 만일 예언자가 그대에게 흉조라고 말하면 그것은 죽음이나 사지의 불구나 혹은 도망을 의미할 터이지만, 이성은 이러한 처지에서도 친구를 돕고 조국을 위해 모험을 무릅쓰도록 그대에게 명령하기 때문이다.

4. 그러므로 더욱 위대한 예언자 아폴론에게 주목하라. 그는 친구가 잡혀 죽을 때, 이를 구출하기 위해 달려가지 않은 사람을 자기의 신전에서 쫓아내었던 것이다.

제 5 권

1. 철학자

1. 그대는 스스로 어떤 성격이나 어떤 본보기를 마음속에 그리고 이를 따름으로써 공사의 생활을 해 나아가도록 하라.

2. 평소에 침묵을 지키도록 하라. 필요할 때에는 말을 하되 간단히 말하라. 특히 꼭 필요할 경우에는 가끔 남들과 오래 이야기를 주고받아도 무방하지만, 격투나 경마, 운동 경기, 음식물과 같은 일반적인 화제에 대하여 이야기하여서는 안 된다. 특히 다른 사람을 비난하거나 칭찬하면서, 또는 비교해 가면서 이야기하여서도 안 된다—만일 가능하다면 그대는 동료들도 온순하게 이야기하도록 인도하라. 그러나 만일 전혀 사고방식이 다른 사람들과 어울리게 되면 침묵을 지켜라.

3. 너무 자주 웃지 말라. 여러 가지 일에 대하여 번번이 웃는 것은 좋지 않다. 그리고 지나치게 웃는 것도 삼가야

한다.

4. 맹세하지 말라. 그렇게 할 수 없으면 되도록 이를 피하라.

5. 세속인들과 교양이 없는 자들의 연회에 참석하지 말라. 그러나 참석하지 않을 수 없을 경우에는 속된 길에 떨어지지 않도록 주의하라. 왜냐하면 어느 불순한 사람과 어울리게 되면 아무리 순결하더라도 자연히 더럽혀지기 때문이다.

6. 하프를 들고 퉁겨 보았을 때 그 음에 이상이 있음을 알고 이를 고치는 기술을 그대들 중에서 누가 갖고 있는가? 또 소크라테스와 같은 인품을 누가 갖고 있는가? 소크라테스는 어떠한 회합에서도 주위의 사람들의 관심을 자기 이야기로 쏠리게 할 수 있었다. 어떻게 하면 그대들도 이러한 인품을 가질 수 있을까? 그대들은 세속인들에게 마지못해 지배되는가? 그렇다면 어찌하여 세속인들은 그대들보다 더 강력한가? 그들은 그 보잘것없는 이야기나마 충심에서 우러나오는 반면에, 그대들은 그 재치 있는 이야기가 단지 혀끝에서 튀어나오기 때문이다. 그러므로 그대들의 이야기는 평범한 생명이 없다. 또한 그대들은 도처에서 충고나 도덕을 입 밖에 내지만 귀가 아플 뿐이다. 이리하여 세속인들이 그대들을 누르게 된다. 신념은 어디서나 강력하고, 또 정복하기 어렵기 때문이다. 그러므로 그대의 마음속에 올바른 견해를 갖게 되

기까지는, 그리고 그대들이 자기의 확고한 자세가 세워지기까지는 그대들은 세속인과 어울릴 때 조심해야 한다. 그렇지 않으면 학교에서 그대들의 마음속에 심어준 것이 마치 햇볕에 타는 촛대처럼 녹아 버릴 것이다.

7. 음식, 옷, 집, 하인 등등 육체에 관한 것은 필요한 때에만 사용하라. 사치스러운 것은 일체 피하도록 하라.

8. 성교는 되도록 억제하라. 그렇게 할 수 없으면, 적당히 조절하라. 그러나 성생활을 하는 사람들을 싫어하거나 비난하여서는 안 된다. 또 그대가 그것을 억제하는 것을 자랑하지 말라.

9. 누가 그대에게 "아무개가 당신을 욕하더라"고 말하여도 굳이 변명하지 말라. 오히려 이렇게 대답하라. "나의 다른 결점을 그는 미처 모르고 있네. 만일 안다면, 그것만 말하지 않았을 텐데—."

10. 극장에 자주 가지 말라. 형편에 따라서 가더라도 특별히 흥미를 가져서는 안 된다. 그곳에서 연출되는 것에만 관심을 갖도록 하라. 실제 행동에서 승리하는 자가 승리자이다. 그대는 그것만을 원하라. 그렇게 하면 그대의 사색은 아무런 훼방도 받지 않을 것이다. 그러나 배우의 이름을 부르거나 웃거나 (갈채를 하거나) 흥분하는 것은 금물이다. 그리하여 일단 극장에서 나오면, 자기의 품성을 개선하는 데 도

움이 되는 일이 아닌 한, 무대에서 일어난 일에 대하여 이야기하지 말라. 그렇게 하지 않으면 그대는 연기를 부질없이 감탄한 것이 된다.

11. 강연회에 지각하지 말고 함부로 가지 말라. 만일 간다면 진지하고 품위 있는 태도를 취하라. 그러나 이 경우에 누구에게도 불쾌감을 주지 않도록 하라.

12. 그대가 어떤 사람과—특히 신분이 높은 사람과 이야기를 할 때에는, 소크라테스나 제논이 이런 경우에 취한 태도를 상기하라. 그러면 그대는 그때그때 잘 적응하여 당황하지 않을 것이다.

13. 그대가 고귀한 사람을 방문할 때에는 그가 집에 없을지도 모르며, 또 면회를 사절할지도 모르고 문이 굳게 잠겨 있을지도 모르며, 혹은 그가 그대를 쌀쌀하게 대할지도 모른다는 것을 잊지 말라. 그래도 그를 찾아가는 것이 그대의 의무라고 생각되면, 그대가 당하는 모든 일을 참고 견디어라. 그리하여 "괜히 찾아갔군!" 하고 후회하는 일이 없도록 하라. 외면적인 일을 중요시하는 교양 없는 사람은 이렇게 말하기가 일쑤인 것이다.

14. 회합에서 그대의 모험담을 자주 이야기하지 않도록 하라. 그 아슬아슬한 모험을 상기하는 것이 그대에게는 즐거워도 듣는 사람에게는 그다지 유쾌하지 않는 법이다.

15. 남을 웃기는 것을 삼가야 한다. 자칫하면 야비하게 보이고 친구들의 존경을 감소시킬 우려가 있기 때문이다.

16. 고상하지 못한 이야기 속에 한몫 뛰어드는 것도 위험한 일이다. 만일 이와 비슷한 일이 그대의 눈앞에서 일어나면, 되도록 그 주동자를 탓하도록 하라. 그렇지 않으면 침묵하거나 얼굴을 붉히거나 찌푸려서 다른 화제에 대한 불쾌감을 보여 주라.

2. 습관에 대하여

1. 숙련과 능력은 이에 부합되는 행위로 말미암아 유지되고 증진된다. 예컨대 보행의 능력은 보행에 의해 유지되며, 질주의 능력은 질주에 의해 유지되고 증진된다. 만일 그대들이 책을 잘 읽으려면, 언제나 읽는 버릇을 붙여야 한다. 잘 쓰려고 하면 끊임없이 써 나가야 한다. 그대가 30일 동안이나 책을 전혀 읽지 않고 다른 일을 하였다면, 그 결과는 눈에 나타날 것이다. 그대가 10일 동안 자고 있다가 일어나서 먼 거리를 걸어가려고 하면, 다리가 얼마나 쇠약해졌는지 알 수 있을 것이다. 그대가 무슨 일에나 익숙하려면 그 일을 실제로 행하는 수밖에 없다. 또 어떤 일을 중단하려고 하면 그 일 대신에 다른 일을 하면 된다.

2. 정신세계에 있어서도 이치는 마찬가지이다. 그대가 분노를 터뜨릴 때에는 그대에게 이 한 가지 일만 일어난 것이 아니라, 분노를 일으키는 버릇을 조장한 것으로 이것은 마치 불에 기름을 얹는 격이다. 그대가 만일 정욕에 지면, 그 패배가 전부라고 생각하여서는 안 된다. 그대는 부절제를 기르고 증진시킨 것이다.

무릇 이러한 경향과 능력, 이에 부합되는 행위를 함으로써, 전에는 존재하지 않던 것이 나타나기도 하고, 전보다는 강하게 확대되거나 성장하게 마련이다. 이리하여 철학자들이 말하는 바와 같이, 정신상의 결함도 분명히 성장하는 것이다. 만일 그대가 돈을 벌려는 욕심이 강할 때, 죄의식을 느끼게 하는 이성이 작용하면 그 욕심은 사라지고 우리의 지배 능력은 처음과 같이 다시 확립되지만, 그대가 아무런 방책도 취하지 않으면 정신은 벌써 처음의 상태로 돌아가지 못하며, 계속하여 돈을 탐내는 표상에 자극되면 전보다 한층 그 욕구가 증가된다. 그리하여 이것이 되풀이되면 정신은 드디어 굳어져서 이러한 경향으로 말미암아 돈을 탐내는 마음이 간절하게 된다. 마치 열병에 걸린 환자가 일단 병에서 벗어나도 완쾌하기 전에는 본래의 건강 상태로 돌아갈 수 없는 것과 마찬가지로, 정신상의 질병에 있어서도 이와 비슷한 일이 일어난다. 즉 정신의 어떤 흔적이나 흠집이 남아, 만일 이것이 완전히 제거되지 않으면 다시 그곳이 타격을 받았을 때에는 흠집이 아니라 상처가 되는 것이다.

3. 그대는 다시는 화를 내지 않으려고 하는가? 그렇다면 화를 내려는 경향을 제거하도록 하라. 이를 조장하는 것을 조금도 받아들이지 말라. 그리하여 처음부터 마음을 조용히 가져라. 그리고 그대가 화를 내지 않은 날짜를 세어 보라. "내가 화를 내지 않은 지 하루가 되었다, 이틀이 되었다, 사흘이 되었다" 하고, 이렇게 하여 30일 동안 계속되면 신에 제사를 드려라. 그러면 화를 내려는 경향은 우선 크게 약화되고, 다음에는 완전히 없어지는 것이다. "오늘 나는 화를 내지 않았다. 그 이튿날도, 계속해서 2, 3일 동안이나 그러하였다. 나는 화가 날 수 있는 일이 일어날 적마다 경계하였다." 이렇게 되면 그대는 정도에 서 있는 것이다.

나는 오늘 미인을 보고, "이 여자를 손에 넣었으면" 하거나, "이 여자의 남편은 얼마나 행복할까" 하고 생각하지 않았다. 왜냐하면 이렇게 생각하는 것은, "저 여자의 애인은 얼마나 행복할까?" 하고 생각하는 것과 마찬가지이기 때문이다. 이어서 나는 이것과 관련되는 연상을 마음속에 그리지 않았다. 나는 머리를 끄덕이면서 중얼거렸다. "에픽테토스여! 그대의 말은 기묘하기 짝이 없다. 뛰어난 궤변보다 훨씬 더 교묘하다"라고. 그러나 그 여자가 나에게 호감을 갖고 사람을 시켜 자기 뜻을 전하고 유혹하더라도 내가 자기를 억제하고 이 유혹을 극복하면, 그야말로 "거짓말을 하는 자"나 "침묵을 지키는 자"보다 뛰어난 궤변을 하는 것이 된다.[1] 뛰어난 궤변에 대해서가 아니라, 이 일에 대해서는 자랑을 느껴도 무방하다.

4. 그러면 어떻게 해서 이런 일이 일어날까? 칭찬받기를 원하면, 신의 눈에 아름답게 보이도록 해야 한다. 그대는 자기의 깨끗한 자아와 또한 신과 더불어 순결하기를 원하라. 우리가 경계한 일에 그대가 빠질 우려가 있으면 플라톤의 말을 상기하라. "수호신의 신전에 가서 간절히 기도하라!" 선인이나 현자를 친구로 삼고, 그중의 한 사람을 택하여 그대 자신을 시험해 보라. 그 사람이 살았거나 죽었거나 그것은 상관이 없다.

5. 이러한 방도를 취함으로써 그대는 그런 비천한 표상을 극복할 수 있을 것이다. 그리하여 그 표상에 사로잡히는 일이 없게 될 것이다. 그러나 우선 표상의 위력에 압도되어서

---

1) 궤변에 "거짓말을 하는 자가 나는 거짓말을 한다고 말할 때, 그것이 사실이라면 그는 거짓말쟁이가 아니다. 또 그것이 거짓말이라면 사실을 말하고 있는 것이다." "침묵을 지키는 자"는 크리시포스를 뜻하는데 그 이유는, 키케로에 의하면 크리시포스에게 사물의 수가 점차로 증가되어 그것이 "적음"의 영역을 떠나서 "많음"의 영역에 들어가는 것은 언제인가 하고 물었을 때, 그는 언제나 마지막 결론을 내리기 직전에 침묵을 지켰다고 한다.

는 안 된다. 이에 대하여 "표상이여, 잠시 기다려라, 너는 대체 무엇인가, 너는 무엇을 하려고 하는가? 나로 하여금 너를 시험하게 하라" 하고 말하라. 그 표상에 그대가 끌려가서는 안 된다. 계속해서 일어나는 현상이 그대를 삼키게 해서는 안 된다. 그렇게 하면 표상은 그대를 사로잡아 멋대로 끌고 다닐 것이다. 그러나 그대는 이에 대항하기 위해, 이와는 다른 선하고 아름답고 고상한 표상을 내세워 그 비천한 표상을 추방해야 한다. 그대가 이런 방법으로 자기를 수련하면, 그대의 어깨와 신경과 다리가 어떻게 되는가를 알 수 있을 것이다. 그러나 지금 현재로서는 이것은 하나의 말에 불과하다. 우리는 말밖에 가진 것이 없다.

6. 이런 비천한 표상에 대하여 자기 자신을 단련하는 자야말로 참된 고행자다. 불행한 자여, 멈춰 서라! 납치를 당하지 말라. 싸움은 중대하고 임무는 신성하다. 왕위를 위해, 자유를 위해, 번영을 위해 마음의 평화를 위해서이다. 신을 생각하라. 신을 자기의 구제자요 보호자라고 부르라. 폭풍을 만났을 때 사람들이 바다에서 쌍둥이 신 카스토르와 폴룩스를 생각하는 것처럼, 표상에서 일어나 이성을 정복하고 추방하는 폭풍처럼 사나운 것이 어디 있겠는가? 하나의 폭풍은 표상이다. 죽음에 대한 공포를 제거하라. 그리하여 그대가 원하는 대로 우레와 번개를 갖도록 하라. 그렇게 하면 지배하

는 능력의 내부에서는, 천기가 얼마나 아름답고 조용한가를 알게 될 것이다. 그러나 만일 한 번 패배하면, 그대는 "다음에는 이기려고 한다"고 다짐할 것이다. 그리하여 같은 일이 다시 일어나면, 나중에는 기진맥진하여 죄를 범하더라도 스스로 의식하지 못할 뿐만 아니라, 이에 대하여 변명을 하기 시작할 것이다. 결국 그대는 헤시오도스의 "일을 내일로 미루는 사람은 끊임없는 재앙과 싸우게 된다"는 말이 옳다는 것을 알게 될 것이다.

7. 다음에는 어떻게 되는가? 인간은 결심만 하면 과오를 범하지 않을 수 있는가? 그것은 불가능하다. 그러나 과오를 범하지 않도록 노력하는 것은 할 수 있다. 이렇게 함으로써 몇몇 과오에서 벗어날 수 있다면, 그나마 다행일 것이다. 그러나 지금 그대가 "내일부터 주의해야지" 하고 말한다면, 그것은 "오늘 나는 염치없는 자로서 집념이 많고 비루하며, 다른 사람이 나를 얼마든지 괴롭힐 수 있을 것이다. 오늘 나는 마음대로 분노를 터뜨리고 질투를 하겠다" 하고 말하는 것과 마찬가지이다. 보라, 그대는 얼마나 많은 악덕에 지고 있는가? 내일 할 수 있는 일이라면 오늘 하는 것이 훨씬 낫지 않은가? 내일 그것을 하기에 적합하다면, 오늘은 더욱 적합하지 않는가? 그대가 오늘 그 일을 행하면 내일도 행할 수 있는 힘을 갖게 될 것이다. 그리하여 다시 모레로 연기하는

일이 없을 것이다.

3. 변론에 대하여

1. 우리가 추론을 잘하기 위해 무엇을 배워야 하는가에 대하여는 우리(스토아학파)의 철학자들이 이미 상세히 설명한 바이다. 그러나 이를 적당히 실천에 옮기는 데 있어서는, 우리는 아직도 별로 경험을 쌓고 있지 않다. 우리 가운데서 아무나 택하여 어떤 무식한 자와 변론을 시켜 보라. 그는 이 사람과 어떠한 방법으로 이야기를 주고받을까? 그가 이 무식한 사람의 마음을 약간 움직였을 때, 그가 문제의 핵심과 동떨어진 대답을 하면 그는 이를 어떻게 처리해야 할지 몰라 비방하거나 비웃으며 "이 벽창호야, 너는 말 상대가 되지 않는다!" 하고 쏘아붙일 것이다.

2. 그러나 길 안내자는, 길을 잘못 든 사람을 보면 그를 올바로 인도하며 비방하거나 비웃지 않는다. 그대가 앞에서 말한 사람에게 진리를 가르쳐 주면, 그는 이를 좇는 것을 그대는 발견하게 될 것이다. 그러나 그대가 진리를 가르쳐 주지 못한다면 그를 비웃을 것이 아니라 오히려 자기의 무능을 탓해야 할 것이다.

3. 그런데 남에게 가르침을 베푼다는 것은 오늘에 와서는

쉬운 일이 아니다. 적어도 로마에 있어서는 그러하다. 이러한 임무에 종사하는 사람은, 어느 방구석에 가만히 앉아 있을 수는 없다. 그는 집정관이나 부자를 찾아가서 다음과 같이 이야기를 나눠야 할 것이다.

"그대는 누구에게 말을 돌보도록 하였는지 나에게 가르쳐 줄 수 없겠는가?"

"그야 어렵지 않지요."

"설마 말에 대하여 잘 모르는 자에게 마구간 일을 맡기지는 않았겠지요?"

"그야 물론이지요."

"그러면 그대는 금이나 은으로 된 그릇이나 의상은 누구에게 부탁하였는가?"

"사람을 잘 택하여 적당한 사람에게 맡겼지요."

"그런데 그대의 육신을 단련하기 위해 적합한 사람을 이미 구해 두었는가?"

"물론이지요."

"그 사람은 신체의 단련이나 의술에 능한가?"

"암요."

"그들은 그대가 소유하고 있는 것 중에서 가장 뛰어난 것인가, 혹은 그대는 이들보다 더 뛰어난 것을 갖고 있는가?"

"그것은 무슨 뜻인가?"

"그들을 일일이 시험해 보았느냐 말이오."

"그대가 말하는 것은 정신에 대해서인가요?"

"바로 그렇소. 그대는 잘 알아맞히었소."

"나는 정신을 다른 무엇보다도 소중히 생각하오."

"그렇다면 그대는 정신을 어떤 방법으로 수련하고 있는가? 그대와 같이 현명하고 저명한 분이 가장 소중한 것을 간파하여 이에 대하여 아무런 주의도 기울이지 않고 소홀히 하여 사멸하도록 방임할 리가 없을 터이니 말이오."

"그야 그렇지요."

"그런데 그대는 자기 힘으로 수련을 하고 있는가, 혹은 다른 사람에게서 그 방법을 배웠는가, 그렇지 않으면 자기가 그것을 발견하였는가?"

4. 이렇게 되면 분위기가 더욱 험악해진다. 그는 우선 "대관절 이것이 당신에게 무슨 관계가 있는가? 대체 당신은 누구인가?" 하고 눈을 부릅뜰 것이다. 그리하여 그대가 계속해서 그를 궁지에 몰아넣으면, 그는 주먹을 불끈 쥐고 그대를 때릴지도 모른다. 나는 전에는 지금 이야기한 바와 같은 교수법을 찬양해 마지않았지만, 드디어 이런 곤경에 빠지게 되었다.

4. 쾌락에 대하여

1. 어떤 육감적인 쾌락의 모습이 그대의 표상에 나타나면, 모든 육감적인 상상에 있어서와 마찬가지로 이에 마음이 쏠려서는 안 된다. 그대는 사건을 좀 기다리게 하라. 깊이 생각할 시간 여유를 갖고 두 개의 중요한 시점을 생각해 보라. 즉 그대가 쾌락을 누리는 시점과 쾌락을 맛본 다음에 후회를 하며 자기 자신을 비난할 시점이 그것이다. 또 그대가 이 표상을 억제하면, 얼마나 큰 기쁨을 누리고 또 얼마나 큰 자존심을 느낄 것인가에 대하여 생각해 보라.

2. 그러나 이를 행하는 것이 그대에게 허용되더라도, 그 달콤한 맛이나 매혹적인 점에 마음이 끌리지 않도록 주의하라. 오히려 그대가 싸워서 이길 수 있다는 자의식이 얼마나 대견한가를 생각해 보라.

5. 공정에 대하여

그대가 반드시 성취한다는 확고한 신념을 갖고 어떤 일을 행하면, 일반 대중이 이에 대하여 다른 의견을 갖고 있더라도 단호히 이를 밀고 나가기를 주저해서는 안 된다. 다만 그 일이 옳지 않다면 삼가야 하지만, 옳은 일이라면 그대를 부당하게 탓하는 사람들에 대하여 개의할 필요가 어디 있겠는가?

6. 사이비 진실

낮과 밤을 따로따로 관찰하는 것은 용인되지만 하나로 묶어서 동일하게 관찰하는 것은 용인되지 않는 것과 마찬가지로, 연회석상에서 가장 맛있는 것을 집어먹는 것은 육체를 위하는 관점에서 시인되지만, 우리를 보존하는 면에서 생각할 때에는 시인하기 어렵다. 그러므로 연회석상에서는 육체에 대한 가치만을 고려하지 말고 주인에 대하여 존경도 해야 함을 잊어서는 안 된다.

7. 임무 수행

1. 그대가 자기에게 적합지 않은 일을 맡게 되면, 치욕이 될 뿐만 아니라 그대가 훌륭히 마칠 수 있는 다른 역할을 포기하는 것이 된다.

2. 어떤 사람이 "그러면 우리는 어떻게 하여 각자에게 적합한 것이 무엇인가를 알 수 있는가?" 하고 물었을 때 에픽테토스는 이렇게 대답했다.

"사자가 가까이 다가왔을 때, 황소는 어떻게 하여 자기 능력을 발견하고 이를 막기 위해 행동을 취하게 될까? 능력에는 언제나 이를 의식하는 힘이 따르는 것이 명백한 사실이다. 그러므로 우리가 그런 능력을 갖고 있으면 반드시 이를 의식하게 마련이다. 그런데 황소는 한순간에 만들어진 것은 아니다. 넓은 도량을 가진 사람도 마찬가지이다. 그러나 우리는 준비를 하고 훈련을 해야 한다. 그리고 우리에게 관계없는 일에는 함부로 손을 대어서는 안 된다."

8. 육체와 정신

그대가 걸어갈 때에는 못을 밟거나 발을 삐는 일이 없도록 조심하는 것처럼, 그대의 가장 소중한 부분을 손상시키지 않도록 조심하라. 우리가 모든 행위에 있어서 이를 염두에 두면 더욱 원만히 행할 수 있을 것이다.

9. 소유의 척도

발이 구두에 대한 척도인 것처럼, 육신의 욕구는 소유에 대한 척도이다. 이를 적당히 멈추면 그대는 분수를 지킬 수 있을 것이다. 그러나 일단 초과하면 그대는 자연히 심연에 떨어지는 것처럼 곤경에 빠지게 될 것이다. 구두에 대해서도 이와 마찬가지이다. 그대가 발의 욕구를 그대로 방임하면 처음에는 도금된 구두를 신게 되고, 다음에는 붉게 염색한 구두의 차례가 되며, 그다음에는 수를 놓은 구두라야 흡족할 것이다. 왜냐하면 일단 그 욕구의 척도를 벗어나면 한이 없기 때문이다.

10. 여성의 가치

여성은 14세부터 남성에 의해 숙녀라고 불린다. 그녀들은 자기의 아름다움에 대한 가치 이외의 것을 인정하지 않고, 용모를 아름답게 꾸미며 모든 소망을 외부적인 매혹에 두기 시작한다. 그러나 그녀들에게 고상한 기품이나 태도가 무엇보다도 매력을 끈다는 것을 깨닫게 해야 할 것이다.

11. 품성에 대하여

인간이 너무 오래 육체적인 일에 관여하면—예컨대 너무 오래 음식을 먹고 있으면—그것은 품성이 비천한 표시이다. 사람들은 이 모든 것을 하찮은 일로 생각한다. 그리하여 정신의 수련을 위해 언제나 부지런히 노력하라.

12. 용모에 대하여

1. 어떤 젊은 수사학자가 깨끗이 이발을 하고 몸을 아름답게 단장하고, 에픽테토스를 찾아갔다. 그러자 에픽테토스는 말하였다.

"그대는 어떤 개나, 어떤 말을 유독 아름답게 생각하는가? 또 다른 동물도 어떤 것은 아름답고, 어떤 것은 추하다고 생각하는가?"

"그렇습니다" 하고 청년은 대답하였다.

"그러면 인간도 어떤 사람은 아름답게 보이고, 어떤 사람은 추하게 보이지 않는가?"

"물론 그렇게 보입니다."

"그러면 우리가 이것들을 아름답다고 말하는 것은 같은 이유에서 그리고 같은 종류에 있어서인가, 혹은 각각 어떤 독특한 개성에 의해서인가? 아마 그대는 이렇게 생각할 것이다. 개나 말이나 꾀꼬리는 각각 다른 목적을 위해 자연에 의하여 만들어졌으며, 그들이 각각 그 천성에 있어서 가장 뛰어난 모습을 하고 있을 때 아름답다고 할 수 있다고, 그리하여 그 각각 그 천성은 서로 다르므로 아름다운 까닭도 각각 다르다고—그렇지 않은가?"

그는 그렇다고 대답하였다.

"그러므로 개를 아름답게 하는 것은 말을 추하게 하고, 말을 아름답게 하는 것은 개를 추하게 하지 않는가?—만일 그들의 본성이 실제로 다르다면 말일세."

"그렇게 생각됩니다" 하고 그는 대답하였다.

"그리고 격투기 선수를 아름답게 하는 것은 레슬링 선수를 아름답게 하지 않으며, 또한 달리기 선수를 비웃게 한다. 5종 경기에 아름다운 자는, 레슬링 선수로는 매우 나쁠까?"

"그렇습니다" 하고 그는 말하였다.

"그렇다면 인간을 아름답게 하는 것은 무엇인가? 개나 말을 아름답게 하는 것은 아니겠지?"

"그렇습니다" 하고 그는 대답하였다.

"그렇다면 개를 아름답게 하는 것은 무엇인가? 개의 덕을 지니는 것이다. 인간을 아름답게 하는 것은 무엇인가? 마찬가지로 인간의 덕을 지니는 것이 아니겠는가? 청년이여, 그대가 젊고 아름다워지려면 덕을 완성하도록 힘쓰라. 그런데 인간의 덕이란 무엇인가? 그대가 공정하게 사람을 칭찬할 때 누구를 칭찬하겠는가?—의로운 사람인가? 혹은 의롭지 않은 사람인가?"

"의로운 사람입니다."

"온순한 사람인가? 난폭한 사람인가?"

"온순한 사람입니다."

"절제를 지키는 사람인가, 지키지 못하는 사람인가?"

"절제를 지키는 사람입니다."

"그렇다면 그대는 자기를 스스로 칭찬할 수 있는 인간으로 만드는 것이, 곧 자기를 아름답게 꾸미는 일임을 알게 될 것이다. 그러나 이것을 등한히 하면 그대가 아무리 아름답게 보이려고 여러 가지 방법을 취하여도 추악하게 보일 따름일 것이다."

2. 왜냐하면 그대는 살도 아니고, 털도 아니고, 하나의 의지이기 때문이다. 만일 그대가 의지를 아름답게 하면, 그대 자신이 아름다워질 것이다. 그러나 나는 오늘에 이르기까지 그대가 추하다는 말을 감히 입 밖에 내지 않았다. 그대가 무엇보다도 이 말을 싫어할 터이므로. 그러나 소크라테스가 그 당시에 가장 미남이었던 알키비아데스에게 한 말을 상기해 보라.

—"그러면 그대는 아름답게 되도록 힘써라"고 그는 말하였다. 이것은 무슨 뜻인가? "그대의 머리를 지지고 다리의 털을 뽑아라"는 의미인가? 그럴 리가 없다. "그대의 의지를 잘 다스려라. 나쁜 견해를 버려라"는 말이다.

—"그렇다면 우리는 이 육체를 어떻게 다루어야 할 것인가?" 자연이 그것을 만든 대로 다루라. 그대의 신체를 돌보는 자는 따로 있다. 그것을 신에게 맡겨라.

—"그렇다면 신체는 불결하여도 무방한가?"

그렇지 않다. 그러나 그대가 바로 그 자신인 것, 그리고 자연에 의해 그대가 만들어진 것(그대의 천성)을 깨끗이 하라. 남자는 남자답게 여자는 여자답게 어린이는 어린이답게 깨끗이 하라.

3. 그러나 우리는 신체의 외관에 의해 많은 사람들의 눈을 끌고, 철학에서 멀어지는 일이 있어서는 안 된다. 다른 모든 사물에 있어서와 마찬가지로 자기의 신체로써, 철학자는 자기가 유쾌하고 고뇌에서 벗어나 있음을 보여줘야 하는 것이다.

"친애하는 동포들이여, 오라! 나는 아무것도 갖고 있지 않고, 또 아무것도 필요로 하지 않는다. 다시 보라! 나에게는 집도 없고 국토도 없고, 때로는 추방된 몸으로 가족도 없지만, 왕자나 부자보다 더 마음 편하게 살고 있다. 나의 육신을 보라. 그것은 나의 가난한 생활 때문에 조금도 손상을 입지 않았다."

그러나 이렇게 말하는 사람이 처형된 죄인과 같은 용모를 하고, 남루한 옷을 입고 있다면, 신도 나를 설복시켜 사람을 이렇게 만든 철학을 숭상하게 할 수 없을 것이다. 나는 비록 그 철학의 가르침에 의해 성자가 된다고 하더라도 이를 숭상하지 않을 것이다.

4. 분명히 말하지만 젊은 사람이 처음 철학을 배우기 위해 나를 찾아올 때에는 머리가 텁수룩하고 불결하기보다는 차라리 곱슬머리로 오길 바란다. 왜냐하면, 그에게서 어떤 아름다움을 찾아볼 수 있고 또한 단정한 몸차림을 갖기를 원하는 것을 엿볼 수 있기 때문이다. 그리하여 그가 원하는 아름다움이 깃들여 있는 것으로 생각되는 사물에 대하여, 그는 자기의 솜씨를 발휘하고 있는 것이다. 그러므로 실제로 그것이 존재하는 것을 보여 주고, 다음과 같이 말하기만 하면 족한 것이다.

"젊은이여, 그대는 미를 찾고 있다. 그것은 좋은 일이다. 그런데 미가 그대의 이성이 있는 곳에서 아름답게 피어난다는 사실을 알아야 한다. 이것을 그대의 호불호, 추구와 기피 등이 있는 곳에서 구하라. 이것이야말로 그대가 선택할 수 있는 귀중한 것이다. 그러나 육체는 본래 진흙에 불과하다. 어찌하여 그대는 여기에 헛되이 노력을 낭비하는가? 시간은 그대에게 육체가 없음을 가르쳐 줄 것이다. 그 밖에 다른 것은 가르쳐 주지 않더라도."

그러나 만일 씻지 않고, 머리가 무릎까지 자란 불결한 자가 찾아오면 나는 무엇이라고 말하면 좋은가? 어떤 비유나 설명으로 그의 관심을 이끌 수 있겠는가? 내가 그를 다른 길에 인도하여, "미는 여기 없고 저기 있다" 하고 말하여 납득시키려면, 그가 지금까지 생각하고 있는 미와는 너무나 거리가 있다.

“그대는 나로 하여금 미는 더러운 것에 존재하지 않고, 이성 속에 존재한다고 납득시키려고 하는가?” 하고 그는 말할지도 모른다.

그런데 그는 과연 미를 찾고 있는가? 마음속에 미에 대한 관념을 갖고 있는가? 차라리 돼지에게 흙구덩이에 뒹굴지 않도록 설득시켜라.

5. 친애하는 청년이여! 마찬가지로 친애한 이 늙은이를 보라! 이 사람에게는 그 가르침을 받기 위해 자녀를 맡겨도 무방하다. 그에게는 청년을 가까이하여도 무방하다—그런데 그는 똥무더기 위에 앉아서 강의를 하는가? 그것은 있을 수 없는 일이다. 무릇 괴상한 행위는 인간의 어떤 성격에서 비롯되는 것이지만, 그것은 동물인 것에 가깝다.

13. 우리는 어찌하여 부정을 참아야 하는가

누가 그대에게 고약한 짓을 하거나 욕을 하면 이렇게 생각하라—그는 스스로 옳다고 생각하기 때문에 그러한 언동을 취하는 것이다. 그는 절대로 너의 생각에 좇지 않고 자기의 생각에 좇는 것이다. 그것이 잘못이라면 그는 자기를 기만하는 것으로 그 해를 스스로 입게 마련이다. 누가 어떤 정당한 판단을 잘못이라고 생각한다면, 그 판단의 객체에 해를 주는 것이 아니라 잘못 생각한 사람을 해치는 것이다. 그대가 이것을 언제나 염두에 두면 그대를 욕하는 자에게 온순하게 대할 수 있을 것이다. 그러므로 이러한 일에 대하여는 자기 자신에게 이렇게 말하라. "그에게는 그렇게 생각되는 것이다" 하고. "그가 이해한 대로 말하고 또 행동한다."

14. 두 개의 손잡이

모든 일은 두 가지 측면을 가지고 있다. 한 측면에서 보면 그 일은 참고 견딜 수 있지만, 다른 측면에서 보면 참을 수 없는 것이다. 예컨대 그대의 형제가 그대에게 잘못을 저질렀을 경우에 그대는 그가 자기를 모욕했다는 관점에서 이를 보아서는 안 된다—그것은 그대가 잡아서는 안 되는 손잡이다. 오히려 그는 그대의 형제이며 어릴 적부터의 친구라는 관점에서 보라. 그렇게 하면 그대는 사물을 올바로 파악하는 것이 된다.

15. 그릇된 추론

다음과 같은 것은 그릇된 추론이다. "나는 그대보다 더 부자이다. 그러므로 나는 그대보다 낫다. 나는 그대보다 달변이다. 그러므로 나는 그대보다 낫다." 그러나 다음과 같은 추론은 정당하다. "나는 그대보다 부자이다. 그러므로 나의 경제 상태는 그대보다 낫다. 나는 그대보다 달변이다. 그러므로 나는 그대보다 말을 잘한다." 그것은 사실이지만, 그대 자신은 재산도 아니고 말도 아니다.

16. 지각과 판단

1. 어떤 사람이 빨리 목욕을 마친 것을 탓하지 말라. 다만 그는 빨리 목욕을 마쳤다고 말하라. 어떤 사람이 포도주를 많이 마신다고 비방하지 말라. 다만 그는 포도주를 많이 마신다고만 말하라. 그로 하여금 이렇게 하게 한 까닭을 그대가 모르면서 어찌 그 행동이 잘못되었다는 것을 알 수 있겠는가?

2. 이에 의하여 그대는 사물의 한 부분에 대해서만 분명한 관념을 갖고, 다른 부분에 대하여는 맹목적으로 따라감을 피할 수 있을 것이다.

3. 어떤 일에 찬동하는 까닭은 무엇인가? 옳다고 생각되는 표상이다. 만일 옳다고 생각되지 않으면 찬동할 수 없다. 왜? 진실을 받아들이기를 좋아하고 허위를 받아들이기 싫어하며, 불확실한 것에 대하여 무관심한 것은 인간의 자연스러운 성질이기 때문이다. 그 증거는 무엇인가? 만일 가능하면 그대들은 이 순간에 지금은 밤이라고 생각하라. 그러나 그것은 그대들에게는 불가능한 일이다. 그렇다면 지금 낮이라고 생각하지 말라. 그것도 그대들에게는 불가능한 일이다. 별들의 수는 홀수거나 혹은 짝수라고 생각해 보라. 이것 역시 그대들에게는 불가능한 일이다. 그러므로 누가 어떤 그릇된 일에 동의하더라도 그는 허위에 동의하려는 생각을 갖고 있지 않았다는 것을 알아야 한다. 플라톤이 말한 바와 같이, 인간의 정신은 기꺼이 진리를 버리지는 않는다. 그것은 허위가 진리로 생각되었기 때문이다. 그런데 진리와 허위에 부합되는 어떤 것을 우리는 행위에서 가질 수 있는가? 그것은 적합한 것과 적합하지 않은 것, 이로운 것과 이롭지 못한 것, 자기에게 관계있는 것과 관계없는 것 등이다. 어떤 일에 대하여 자기에게 이득이 있다고 생각하면서 이를 행하지 않을 수 있을까? 그것은 불가능한 일이다. 그렇다면.

"우리는 자기가 행하려는 일이 옳지 못함을 알았노라. 그러나 분노는 나의 모든 정신의 지배자로다"[2)]라고 말하는 사람은 어찌 된 것인가? 생각건대 그녀(메데이아)는 그 분노심을 만족시켜 남편에게 복수를 하는 것이 자식들을 구하는 것보다 더욱 유리한 일이라고 생각하였기 때문이다. 그렇지만 메디아는 잘못을 저질렀다. 그녀가 잘못된 까닭을 그녀에게 분명히 납득시켜 주면 그런 일을 저지르지 않을 것이다. 그러나 그대들이 이것을 그녀에게 분명히 납득시키지 않은 한, 그녀는 스스로 옳다고 생각하는 일을 하지 않을 수 없는 것이다. 달리 방법이 없기 때문이다. 그렇다면 그대들은 이 불행한 여자가 큰 사건에 대하여 그 길을 잘못 들어, 인간 대신에 독사가 되었다고 해서 어찌하여 그녀에게 분노를 느끼는가? 그대들은 우리가 소경이나 절름발이를 가엾게 생각하는 것처럼, 그 가장 중요한 능력이 눈멀고 절름발이가 된 그녀에 대하여 차라리 가엾은 생각이 들지 않는가?"

4. "그러면 이 중대하고 무서운 행위는 모든 사물의 표상 속에서 동일한 기원을 갖는가?"

"그렇다. 동일한 기원을 갖는다. '일리아드'도, 이 표상과 표상의 사용 이외에는 아무것도 없는 것이다. 파리스에 나타난 것은 메넬라오스의 아내를 납치하는 일이었다. 헬레네에 나타난 것은 그를 수행하는 일이었다. 그런데 표상이 그의

2) *Medea, 1079* — 역주

아내와 헤어지는 것이 자기에게 이득이 된다고 생각하도록 메넬라오스에 나타났다면 어떤 일이 일어났을까? (위대한 문학인) '일리아드'가 태어나지 못하였을 뿐만 아니라 (마찬가지로 위대한 문학), '오디세이아'도 태어나지 못했을 것이다."

"이런 작은 일에 그처럼 큰일이 관련되어 있는가?"

"그런데 큰일이란 무엇을 말하는가? 전쟁이나 반란이나… 많은 사람의 목숨이 달아나고 도시가 파괴되는 것을 말하는가? 이것이 어찌하여 큰일인가? 그것은 대수롭지 않은 일이 아닌가? 많은 소나 양이 죽고, 제비나 따오기의 둥지가 많이 불타고 뒤집어졌다고 해서, 그것이 무슨 큰일인가?"

"그런데 후자와 전자는 서로 다르지 않는가?"

"양자는 매우 비슷하다. 전자의 경우는 인간의 육체가 파멸되고, 후자의 경우는 소나 양의 육체가 파멸된다. 한편에서는 인간의 집이 불타고, 다른 한편에서는 새의 집이 불탄다. 여기 있어서 무엇이 큰일이고 무엇이 무서운 일인가? 그리고 인간의 집과 새의 집은 집으로서 어떤 차이가 있는가? 그 차이는 다만 전자는 널판과 기와와 벽돌로 되어 있고, 후자는 작은 나뭇가지와 흙으로 되어 있다는 것뿐 아닌가?"

"그러면 따오기와 인간이 같단 말인가?"

"육체라는 점에 있어서는 그들은 매우 비슷하다."

"그러면 인간은 어느 점에 있어서나 따오기와 다를 바가 없다고 생각하는가?"

"그렇지는 않다. 그러나 위에서 말한 점에 있어서는 별로 차이가 없다."

"그러면 어떤 점에서 인간과 따오기는 다른가?"

"잘 살펴보라. 그러면 그대는 다른 면에서 차이가 있음을 발견하게 될 것이다. 즉 자기가 행하는 일을 관찰하고 연구하거나 사회적인 본능이나 그 성실, 경건, 정의감 및 이해력 속에 차이가 있는가, 없는가를 살펴보라. 인간에게 선이나 악은 어디에 존재하겠는가? 그것은 이 차이점에 있는 것이다. 만일 이 차이가 보존되어, 이를테면 요새 속에 간직되어 있다면, 그리하여 경건도 성실도 이해력도 모두 그대로 간직될 수 있다면, 인간도 또한 보존될 것이다. 그러나 이러한 것들 중에서 어느 하나가 사멸되거나 혹은 몰락되면 인간도 역시 사멸되는 것이다. 중대한 일이 일어나는 것은 바로 이때이다. 사람들은 그리스인이 쳐들어와서 트로이의 도시를 약탈하고 그 형제가 전사할 때야말로 파리스에게 큰 타격이 있다고 말한다. 그러나 사실은 그렇지 않다. 왜냐하면, 아무도 타인의 행위에 의해 타격을 받지 않기 때문이다—그것은 따오기의 둥지의 약탈에 불과한 것이다. 큰 타격이란 실로 그가 경건과 성실을 상실하였을 때 친절을 저버리고 예절을 잃었을 때이다. 아킬레스는 언제 몰락했는가? 파트로클로스가 죽었을 때인가? 그렇지 않다. 그가 분노를 터뜨렸을 때, 그가 소녀의 사랑을 잃고 울 때, 사랑하는 여자를 얻기 위해서가 아니라 싸움을 하기 위해 이곳에 왔다는 것을 잊어버렸을 때이다. 올바른 견해를 상실하고 침체되었을 때 이것은 인간 자체의 붕괴요, 침해요, 파멸인 것이다."

17. 철학자와 세속인

1. 그대 자신을 절대로 철학자라고 말해서는 안 된다. 그리고 세속인에게 철학적인 원리나 원칙에 대해서 말해서는 안 된다. 그대는 오직 이에 따라서 행동하라. 예컨대 연회석상에서는 사람은 식사를 어떻게 해야 하는가에 대하여 이야기할 것이 아니라 예의 바르게 식사를 할 일이다. 소크라테스도 이렇게 하여 모든 떠들썩한 이론을 침묵하게 한 사실을 상기하라. 가르침을 받기 위해 사람들이 철학자를 찾아 소크라테스에게 왔을 때, 그는 이들을 다른 철학자들에게 데리고 가서 자기를 도외시하게 하였던 것이다.

2. 그러므로 세속인들과 함께 철학을 운운하게 될 경우에는 입을 다물도록 하라. 왜냐하면, 그대는 자기가 아직 소화하지 못한 것을 토할 우려가 있기 때문이다. 그때 누가 그대

를 보고 "당신은 아무것도 모르는구려" 하고 말하여도, 그대가 별로 개의치 않으면 그대는 정도에 서 있음을 알라.

3. 양이 목자에게 자기가 풀을 어떻게 먹었는가를 보여 주기 위해 풀을 토해 내지 않고 다만 사료를 소화하여 젖을 제공하는 것처럼, 그대도 세속인들에게 그대의 철학적인 원리원칙을 보여 주지 말고, 그대가 그것을 소화하는 한도 내에서 거기서 비롯되는 실제의 행위를 보여 주라.

18. 고행

그대가 어떤 간편한 생활에 익숙해지더라도 이를 자랑하여서는 안 된다. 그대가 설령 물만 먹고 살아가더라도 기회 있을 적마다 "나는 물만 마시고 살지" 하고 말해서는 안 된다. 오히려 가난한 사람들이 얼마나 곤궁한 생활을 하며, 얼마나 많은 괴로움을 참고 있는가를 생각해 보라. 그대가 근로와 인내에 익숙해지려고 하면 혼자서 이를 행하고 여러 사람들 앞에 이것을 보여 주어서는 안 된다. 조각상을 껴안지 말라. 그대가 크게 목이 마를 때에는 냉수를 한 모금 크게 들이켰다가 뱉으라—그러나 아무에게도 이에 대하여 이야기하여서는 안 된다.

19. 징후

1. 세속인(철학자가 아닌 사람들)의 태도는 이러하다. 그는 이해득실을 자기 자신에게서 기대하지 않고 언제나 외부의 사물에서 구한다. 그러나 철학자는 모든 이해를 자기 자신에게서 기대한다.

2. (철학에 있어서) 어떤 사람이 깊이 알고 있는 증거는, 아무도 비난과 칭찬을 하지 않고 또 아무도 불평하지 않으며, 자기 자신이 된 체하거나 아는 체하며 남에게 이야기하지 않는 것이다. 그가 어떤 일에 훼방을 받거나 혹은 비난을 받았을 때에는, 그 죄를 자기 자신에게 돌린다. 누가 그를 칭찬하면 그는 상대방을 마음속으로 비웃고, 그를 비난하면 조금도 변명하지 않는다. 그는 마치 육신이 연약한 사람처럼 병에서 겨우 소생되었을 뿐 아직 완쾌하지 않는 동안에 다시 병에 침해되지 않을까 염려하는 것처럼 조심스럽게 살아간다. 그는 모든 욕망을 던져 버렸다. 그는 우리의 힘으로 좌우할 수 있는 사물의 성질에 벗어난 것에 대해서는 혐오를 일으킨다. 그의 의지 활동은 언제나 중용이다. 그가 우매한 자로 보이느냐 혹은 지혜로운 자로 보이느냐 하는 문제에 대해서는 조금도 관심이 없다. 한마디로 말해서 그는 적이나 배신자에 대한 것처럼 자기 자신에 대하여도 언제나 경계하

고 있다.

20. 논리에 대하여

1. 이성이란, 다른 모든 일이 이에 의하여 조직되고 완성되는 것이므로, 이성 자체가 조직되어 있지 않을 수 없는 것은 당연한 일이다. 그런데 그것은 무엇에 의하여 조직되어야 하는 것인가? 그것은 이성 자체에 의하여 되든가 혹은 다른 어떤 사물에 의하여 되든가, 둘 중의 하나이다. 그러나 이것은 이성에 의하여 조직되어야 한다. 혹은 이성보다 더욱 뛰어난 무엇이어야 하는가? 이것은 불가능하다.

2. 어떤 사람은 이렇게 말할지도 모른다. "그렇다. 우리의 악덕과 이와 유사한 것을 시정하는 것은 더욱 급한 일이다" 하고.

그렇다면 그대들은 이 문제에 대하여 듣고 싶은가? 그러면 들어라. 그러나 만일 그대들이 나에게, "나는 이 추론이 옳고 그른 것을 알 수 없다" 하고 말하거나 또는 내가 애매한 말을 하여 그대들이 나더러 분명한 해명을 요구한다면, 나는 그대들에게 마음을 털어놓고, "이론적인 시비를 따지기보다 우리의 악덕을 시정하는 것이 훨씬 더 급한 일이다"라고 말할 것이다.

3. 그러므로 이 논리학은 우리(스토아학파) 학문의 시초에 두어야 한다고 나는 생각한다. 그것은 마치 곡식을 계량하기에 앞서 계량기를 검사하는 것과 같다. 우리가 먼저 모디우스(계량 단위)가 무엇이며, 또 저울이 무엇인가를 모르고 어찌 곡식을 계량할 수 있겠는가?

4. 그러므로 이 경우에도, 모든 다른 사물의 표준이 되고 이에 의하여 그 사물을 이해할 수 있는 것을 그대가 이해하지 못하고, 또 정확하게 연구하지 않으면, 어떻게 다른 것을 탐구하거나 이해 할 수 있겠는가? "그렇다. 그러나 모디우스는 나무로 만든 물건으로, 그것이 곡식을 생산하지는 못한다." 그러나 그것은 곡식을 계량하는 것이다. "그리고 논리학도 생산적이 못 된다." 이 문제에 대하여는 나중에 살펴보려고 한다. 논리학이 그렇다고 하더라도 그것은 진리를 분별하고 검토하는 학문으로, 이를테면 진리를 계량한다고 보겠다. 이것만으로 충분하다. 누가 논리학에 대하여 말하는가? 그것은 크리시포스나 제논이나 클리안테스와 같은 사람들뿐인가? 안티스테네스는 이에 대하여 말하지 않았는가? 개념의 탐구는 교육의 시초라고 쓴 것은 누구인가? 그것은 소크라테스가 아닌가? 크세노폰이 "그는 개념의 연구, 즉 각각의 개념이 무엇을 의미하는가를 연구하는 데서 시작하였다"라고 썼는데 그는 누구를 가리키는 것인가?

21. 문법가냐, 성자냐

어떤 사람이 크리시포스의 저서를 이해하고, 이를 해설할 수 있다고 자랑하면 그때는 자기 자신에게 이렇게 말하라. "만일 크리시포스가 붓을 들지 않았던들, 이 사람은 자랑할 아무것도 갖지 못하였을 것이다" 하고. 대체 나는 무엇을 원하는가? 자연을 알고 이에 따르는 일이다. 그러므로 나는 "누가 자연을 나에게 설명해 줄까?" 하고 자문한다. 크리시포스가 이를 할 수 있는 사람이라는 말을 듣고 나는 그(그의 저서)에게 간 것이다. 그런데 나로서는 그 저서가 알기 어렵다. 그리하여 나는 이것을 나에게 풀이해 줄 사람을 구하고 있다. 나에게는 자랑할 아무런 이유도 없다. 내가 어떤 해설자를 찾아내면 나는 그의 해설을 듣고자 한다. 이 일만은 중요하다. 그러나 나는 해설 자체(그 경우에 그 사람의 학식)만을 탄복하고 그 해설을 이해하는 데 그친다면, 나는 철학자가 되는 대신에 문법가가 되는 데 불과하다. 나는 호머를 해설할 수 있는 대신에 크리시포스를 설명할 수 있다. 어떤 사람이 나에게 "크리시포스를 해석해 달라"고 말하고, 내가 그의 금언에 따르는 행위를 할 수 없다면 매우 부끄러운 일이다.

22. 기능

1. 어떤 책에 쓰여 있는 문자가 분명할수록 그 책은 더욱 즐겁게 그리고 쉽게 읽을 수 있다. 그리고 어떤 주장이 질서정연하게 그리고 아름다운 말로 전개되면, 그것은 더욱 즐겁고 쉽게 들린다. 그러므로 표현 기술은 세상에 있을 수 없다는 말은 부당하다. 그것은 신을 모독하는 동시에 비겁한 인간의 생각이다—신을 모독하는 까닭은 그가 보고 듣고 또는 말하는 유용한 능력을 버리는 것은, 신의 영예로운 은총을 경시하는 처사가 되기 때문이다. 신은 그대에게 무엇 때문에 눈을 주었는가? 그리고 무엇 때문에 멀리서 눈에 비치는 형태의 인상을 받아들이는 강력하고 교묘한 마음을—이토록 신속하고 성실한 사자를 우리의 눈 속에 넣어 주었는가? 또 무엇 때문에 신은 물체와 눈 사이에 존재하는 공기 속을—그것이 어떤 모양으로 동요하고 있어—우리의 시력이 통과할 수 있도록 하였는가? 그리고 신은 무엇 때문에 빛을 만들었는가? 빛이 없으면 우리는 어떠한 이득도 얻을 수 없다.

2. 이것들에 대하여 감사하라! 그러나 더욱더 귀중한 것이 있음을 잊어서는 안 된다. 시력과 청력 및 생명 자체에 대하여 그리고 생명을 유지하기 위해 힘쓰는 것에 대하여, 익은 과일에 대하여, 포도주에 대하여, 기름에 대하여 신에 감사

하라. 그러나 신은 이 모든 것보다 더 존귀한 것 즉 이 모든 것을 사용하고 입증하고 각각의 가치를 판정하는 능력을 그대에게 준 것을 잊어서는 안 된다. 그 하나하나에 가치를 내리는 것은 무엇인가? 그것은 능력인가? 그대들은 지금까지 시각이 자기 자신에 관하여 무엇을 이야기하는 것을 들은 일이 있는가? 그리고 청각이 스스로에 관하여—소맥, 대맥, 말, 개 등이 자기 자신에 대하여 이야기하는 것을 들은 일이 있는가? 그런 일이 없다. 그것들은 표상을 사용하는 능력에 따르도록, 하인으로서 또는 노예로서 임명된 것이다. 그리하여 그대들이 이러한 것들이 각각 어떤 가치를 갖고 있는가를 알려고 할 때, 누구에게 물으려고 하는가? 누가 해답을 줄 것인가?

그렇다면 다른 사물을 자기의 노예로서 사용하고, 그 각각의 사물의 가치를 내리는 이 능력보다 더 위대한 것이 있을까? 다른 무엇이 능히 자기가 무엇이며, 또 어떤 가치를 갖고 있는가를 알 수 있겠는가? 또 무엇이 어떤 행동을 하는데 적당한 시기를 가려낼 수 있겠는가? 보아서는 안 되는 사물에서 눈을 돌려 다른 것을 보게 하는 것은 무엇인가? 그것은 시력인가? 아니다. 의지의 능력이다. 소리를 듣기도 하고 듣지 않기도 하는 것은 무엇인가? 어떤 때에는 열심히 그리고 호기심에 가득 차 귀를 기울이게 하고, 어떤 때에는 들어도 마음이 움직이지 않도록 하는 것은 무엇인가? 그것은 청각의 능력인가? 아니다, 의지의 능력이다.

3. 의지는 이러한 능력이며, 다른 모든 능력의 위에 있으므로, 가령 의지로 하여금 우리에게 와서, "존재하는 것 중에서 가장 뛰어난 것은 육체이다" 하고 말하게 해 보라! 설사 육체가 스스로 가장 뛰어난 존재라고 단언하더라도 아무도 이를 인정하지 않을 것이다. 에피쿠로스여! 육체가 가장 뛰어난 것이라는 가르침을 베푸는 것은 무엇인가? "존재의 목적"이나, "자연의 법칙"이나 "진리의 길" 등에 대하여 쓴 것은 무엇인가? 그대의 머리를 기르게 한 것은 무엇인가? 그대로 하여금 임종 때에 마지막으로 행복한 하루를 보내고 있다고 쓰게 한 것은 무엇인가?

그것은 육체인가, 의지인가? 그대는 의지보다 더 뛰어난 무엇을 갖고 있다고 단언할 수 있는가? 아아, 그대는 미치지 않았는가?—사실 그대는 이렇게까지 눈이 멀고 귀가 먹었는가?

4. 그리고 다른 능력을 경멸하는 사람이 있을까? 없다. 웅변술에는 아무 쓸모도 없고, 아무런 뛰어난 점도 없다고 누가 말할 수 있겠는가? 그럴 수는 없다—그것은 우매한 짓이요, 신을 모독하는 일이며, 또 신에 대한 배은망덕한 일이다. 그러나 각각의 사물에 대하여는 그 가치가 정해져야 한다.

당나귀에게는 어떤 쓸모가 있다. 그러나 소만큼의 쓸모는 없다. 개에게도 어떤 쓸모가 있지만 노예만큼은 못하다. 노예에게도 어떤 쓸모가 있지만 시민만큼은 못하다. 시민은 쓸모가 있지만 통치자만큼은 못하다. 그러나 어떤 사물이 뛰어났다고 하더라도 우리는 다른 사물이 지닌 가치를 경시하여서는 안 된다. 웅변술에는 어떤 가치가 있지만 의지의 가치를 따를 수는 없다. 내가 이렇게 말한다고 해서, 웅변술을 경시하려고 한다고 생각해서는 안 된다. 나는 웅변술뿐만 아니라 눈과 귀, 손과 발, 그리고 옷이나 구두와 같은 것을 경시하려고 생각하지 않는다.

그러나 누가 만일 나에게, "이 세상에 존재하는 사물 가운데서 가장 존귀한 것이 무엇이냐?" 하고 물으면, 무엇이라고 대답해야 할까? 웅변술이라고 대답할 수는 없다. 의지의 능력이 올바로 발휘되는 것이라고 말하지 않을 수 없다. 왜냐하면, 의지야말로 웅변을 구사하며, 다른 모든 능력을 크고 작고 간에 행사하기 때문이다. 의지가 올바로 서면 악한 자도 선량하게 되고 의지가 올바로 서지 못하면 선한 자도 악하게 된다. 의지에 의하여 우리는 쇠퇴하고 혹은 성장한다—의지에 의해 우리는 남을 비난하기도 하고 또 칭찬하기도 한다. 의지를 등한히 하는 것은 인류의 불행이요, 이에 유의하는 것은 인류의 행복이다.

5. 그러나 웅변의 기능을 무시하고 이러한 능력을 실제에 없는 것처럼 말하는 것은 이것을 인간에게 준 신의 은총을 저버리는 행위일 뿐만 아니라 비겁한 행위이다. 이러한 사람들은 만일 이런 기능이 세상에 존재한다면 이를 결코 무시할 수 없으리라는 생각에서 일종의 불안감을 느끼고 있는 것 같다. 아름다운 것과 추한 것 사이에 아무런 차이가 없다고 말하는 것도 이들이다. 그렇다면 사람들은 테르시테스를 보건 아킬레스를 보건 혹은 헬레네를 보건 그 밖에 보통 여자들을 보건 마찬가지로 느껴질까? 이것은 어리석은 자의 생각이다. 각각의 사물이 지닌 자연의 성질을 모르고, 단지 이 구별을 인식하면 곧 이에 휘말려 들어가 타격을 받지 않을까 하고 두려워하는 사람들의 태도이다.

그러나 중요한 일은 이것이다—즉 각각의 사물이 가진 능력을 인정하고 그 가치를 검토하여 어느 것이 가장 존귀한가를 알고, 언제나 이를 추구하며 열중하여 다른 모든 것은 이에 종속시키고, 되도록 이것들을 경시하지 않는 일이다. 예컨대 우리는 눈도 소중히 생각해야 하지만 그것은 눈이 가장 존귀하기 때문이 아니다. 가장 존귀한 것이 이를 사용하기 때문이다. 그것은 이러한 사물을 슬기롭게 다루어 어떤 것은 버리고 어떤 것은 취한다. 그렇지 않으면 다른 사물들은 자연에 순응하여 존재할 수 없는 것이다.

6. 그런데 이 세상에서 무엇이 이루어지고 있는가? 마치 고향으로 돌아가는 사람이, 훌륭한 여관이 마음에 들어 머물러 있는 것과 같다. 사람들이여, 그대들은 자기의 목적을 잊어버렸다. 그대들의 여행지는 이곳이 아니다. 이곳을 통과해야 한다. "그러나 이 여관은 즐겁다." 여관이 아무리 즐겁고 목장이 아무리 유쾌하더라도 다만 그 곳은 스쳐서 지나가게 마련이다.

그대의 임무는 그대의 고향에 이르러 친척들의 걱정을 덜어 주고, 그대 자신은 시민으로서의 임무를 다하여, 결혼을 하고 자식을 두며 직무에 충실한 것이다. 그대가 이 세상에 태어난 것은 더욱 살기 좋은 고장을 택하기 위해서가 아니라, 그대가 태어나 시민이 되도록 지정된 그 장소에 살기 위해서이다.

그리고 지금 우리가 여기서 이야기하고 있는 문제도 어느 점에서는 이와 유사하다. 우리는 담화의 힘을 빌려 또는 강의를 통하여, 우리의 목적을 이루고 우리의 의지를 깨끗이 하며 표상을 사용하는 능력을 올바로 길러야 한다. 그리하여 이 교의의 강의는 언어를 슬기롭게 사용해야 한다. 즉 표현기술이 좋아야 한다. 그런데 어떤 사람은 이러한 일에 사로잡혀, 그 속에 빠져 버린다—즉 어떤 사람은 타고난 말재주에, 어떤 사람은 삼단논법 속에, 또 어떤 사람은 궤변 속에,

또 다른 사람은 이러한 것의 잡동사니 속에 머물러, 마치 세이레네스[3]의 꼬임에 빠진 것처럼 거기 이끌려 썩어 버린다.

7. 그대들의 임무는 그대들이 만나게 되는 표상을, 자연에 좇아서 사용할 수 있는 힘을 갖는 데 있으며, 그대가 추가하는 것을 잃지 않고 그대가 기피하려고 하는 것에 빠지지 않으며, 행운을 놓치지 말고, 악운에 부딪치지 않으며, 강제를 받지 않고 자유롭게 제우스신의 지배에 따르며, 이에 복종하고, 이를 기뻐하며, 아무도 탓하지 말고, 비난하지 말고, 마음껏 "나를 인도하라, 오 제우스여, 그대 운명이여!" 하고 노래 부를 수 있는 데 있다.

이러한 일을 임무로 삼고 있는 그대가, 약간의 웅변이나 어떤 생각이 그대의 호감을 산다고 해서 이에 머물러, 고향에 있는 모든 것을 망각하고, 여기 정주하려고 하는가? 그리하여 "이것이 좋다"고 말하는가? 누가 그것을 나쁘다고 하겠는가? 그러나 그것은 여관과 마찬가지로 스쳐가는 데 알맞을 뿐이다. 데모스테네스처럼 말을 잘하는 사람이 불행에 빠지는 것을 누가 막을 수 있겠는가? 또 크리시포스처럼 삼단논법에 정통한 사람이 일찍 죽고, 슬퍼하며 질투하는 것—즉 고생이 심하고 불행한 것—을 누가 막을 수 있겠는가? 아

---

3) 그리스 신화의 반은 여자고 반은 새인 마녀. 뱃사람들을 노래로 유혹하여 죽여 버렸다.

무도 막을 수 없다. 이제야 그대는 이것이 여관에 불과하며, 아무런 가치도 없다는 것을 알게 되었을 것이다.

우리의 임무는 다른 일이다. 내가 이렇게 말하면, 사람들은 내가 언어나 사고에 대한 관심을 배격한다고 생각한다. 나는 그것을 배격하지 않는다. 나는 다만 이런 것에 너무 집념하여, 우리의 희망을 거기에 두는 것을 배격하는 것이다. 만일 누가 이렇게 가르침으로써 그 가르침을 듣는 사람들을 해친다면, 나도 그 해를 끼치는 한 사람으로 간주하라. 그러나 나는 그대들을 기쁘게 하기 위해 어떤 것이 가장 선하고 가장 긴요함을 알면서도, 다른 것이 그렇다고 말할 수는 없다.

23. 불변

이 가르침(스토아학파의 가르침)을 잘 지키기를, 법률을 잘 지키는 것처럼 하라. 그대가 이것을 지키지 않으면 신에게 배반하는 것처럼 생각하라. 세상 사람들이 이 일 때문에 그대를 탓하더라도 개의치 말라. 그런 것은 벌써 그대와 아무 관계도 없다.

24. 언제까지?

1. 그대는 가장 위대한 선을 행할 수 있다고 생각하라. 언제까지 이성에 어긋나는 일을 행할 작정인가? 그대는 이미 자기에게 수양이 되는 가르침을 듣고 또 이를 인정하였다. 이제 그대는 어떤 다른 스승을 섬기려고 하는가? 네 마음의 교정을 스승이 올 때까지 연기할 작정인가? 그대는 벌써 소년이 아니다. 그대는 성인이다. 그대가 여전히 자기 일을 등한히 하여 태만하게 살아가면서 언제나 일을 뒤로 미루고 계획만 잔뜩 쌓아 놓고 자기 일을 하루하루 연기한다면 그대는 자기도 모르는 사이에 아무런 진전도 없이 무지한 자로 살다가 죽어 가야 할 것이다.

2. 그러므로 그대는 자기를 한 사람의 완전한 인간으로서, 또 전진하는 인간으로서 살아갈 가치가 있다고 생각하라. 그대에게 옳다고 생각되는 것은 어길 수 없는 율법으로 삼으라. 고난과 치욕을 당하면 이제야 싸울 때이고 올림피아드의 경기가 벌어질 때이며, 조금도 지체할 수 없다고 생각하라. 패배하거나 중단하면 그대의 성장은 저해되고, 반대의 경우에는 전진함을 잊지 말라.

3. 소크라테스는 이성 이외의 무엇에 의해서도 좌우되지 않도록 모든 일에 자기를 단속하였으므로 한 사람의 완전한

인간이 되었다. 그대는 아직 소크라테스처럼 되지 못하였지만, 소크라테스처럼 되기를 원하는 사람처럼 생활해야 한다.

25. 철학의 구분

1. 철학의 제1의 가장 긴요한 부분은 처세의 법칙을 포함하는 부분이다. 예컨대 "그대는 남을 속여서는 안 된다"고 하는 것이다. 제2의 부분은, 이 주장을 증명하는 부분으로 예컨대 "어찌하여 우리는 속여서는 안 되는가?" 하는 것이다. 제3의 부분은 앞의 두 부분을 확증하고 설명하는 부분이다. 예컨대 "어찌하여 이것이 하나의 증명이 되는가? 무엇이 하나의 증명인가?" 또는 "무엇이 참된 판단이며, 무엇이 그릇된 판단인가?" 하는 것이다.

2. 그러므로 제3의 부분은 제2의 부분을 위해, 제2의 부분은 제1의 부분을 위해 있는 것으로, 전체의 중심은 제1의 부분이다. 그런데 우리는 이를 어기고 있는 것이다. 우리는 제3의 부분에 머물러 모든 힘을 이에 쏟으며 제1의 부분을 등한히 한다. 우리는 "속여서는 안 된다"는 것에 대한 증명을 갖고 있는데, 거짓을 일삼게 된다.

26. 기억할 일

우리는 언제나 다음과 같이 생각하고 있어야 한다.

1. 그럼 나를 인도하라, 오오, 제우스여! 그대 오오, 운명이여!

그대가 나더러 가라고 명령하는 곳에
나는 가려고 한다. 이를 원치 않는다면
나는 비겁한 자이다. 나는 순종하지 않을 수 없다.

2. 불가피한 일에는 기꺼이 굴복하는 사람이야말로 현자요, 신을 아는 자이다.

3. 크리톤이여, 그것이 신들의 뜻에 합당하면, 그렇게 하라. 아니토스나 멜레토스[4]는 나를 죽일 수 있을 것이다.

그러나 그들은 나를 해칠 수는 없는 것이다.

---

4) 크리톤은 소크라테스의 제자. 아니토스, 멜레토스는 소크라테스를 고발한 자.

후기

에픽테토스(Epictetus)는 아우렐리우스와 쌍벽을 이루는 스토아학파의 대철학자다.

이들은 학문이나 인격에 있어서는 후세의 추앙을 받고 있지만, 그 환경과 신분은 너무나 동떨어져 있었다. 전자는 노예요, 후자는 황제—이것은 역사적인 하나의 아이러니라고 하겠다.

에픽테토스는 서기 55년경 소아시아의 프리기아에 있는 히에라폴리스에서 태어나 어릴 때 노예로 팔렸다. 주인 에파프로디토스는 잔인무도하여 에픽테토스를 학대하고 혹사한 나머지 한쪽 다리까지 부러뜨려 놓아 절름발이로 만들었다고 한다. 그러나 그런 역경 속에서도 철학에 일찍 눈 뜬 그는 타고난 인품을 용케 발휘하여, 나중에 노예에서 해방되자 어엿이 대철학자로 서서 뭇 사람들에게 심오한 철학을 가르쳐 많은 감화를 주었던 것이다. 그러나 서기 89년 도미티아누스 황제의 철학자 추방령으로, 니코폴리스에 피신하여, 이곳에서 계속하여 인생의 철학을 설파하였는데, 그 초탈한 풍

모와 심원한 가르침은 아테네의 길목에서 진리를 토하는 소크라테스를 연상시켰다고 한다.

무릇 옛날의 위대한 철학자들이 흔히 그렇듯이 그도 몸소 펜을 들어 저술을 하지 않았다. 《에픽테토스의 가르침》이라는 제명으로 수록한 이 글은 그의 수제자 아리아노스의 수기이다. 따라서 이 책은 이를테면 서구의 《논어》라고나 할 수 있다.

번역은 *The Teaching of Epictetus*를 텍스트로 하였다. 주석은 일본 춘추사의 《어록》을 많이 참고하였음을 아울러 부기해 둔다. 이 역서가 독자 여러분들에게 다소나마 마음의 양식이 될 수 있다면 다행이겠다.

옮긴이 **김병호**

고려대학교 영문학과 졸업
동국대학교 강사 역임

저서 《황야의 귀환》(시집)
《영어 전치사 연구》

역서 테니슨 《이녹크 아든》
알랭 《행복론》
아우구스티누스 《고백록》 외 다수